乡村振兴之农民综合素质提升

XIANGCUN ZHENXING
ZHI NONGMIN ZONGHE SUZI TISHENG

主编　周剑南　李进村　孙秀枝　钱山林　李新梅　王翰霖

天津出版传媒集团
天津科学技术出版社

图书在版编目(CIP)数据

乡村振兴之农民综合素质提升 /周剑南等主编. --天津:天津科学技术出版社,2024.4

ISBN 978-7-5742-1918-2

Ⅰ. ①乡… Ⅱ. ①周… Ⅲ. ①农民—素质教育—中国 Ⅳ. ①D422.6

中国国家版本馆 CIP 数据核字(2024)第 065226 号

乡村振兴之农民综合素质提升

XIANGCUNZHENXINGZHINONGMINZONGHESUZHITISHENG

责任编辑: 杜宇琪

出　　版: 天津出版传媒集团 / 天津科学技术出版社

地　　址: 天津市西康路 35 号

邮　　编: 300051

电　　话: (022)23332399

网　　址: www.tjkjcbs.com.cn

发　　行: 新华书店经销

印　　刷: 北京富泰印刷有限责任公司

开本 787×1092　1/32　**印张** 5.5　**字数** 137 000

2024 年 4 月第 1 版第 1 次印刷

定价: 30.00 元

《乡村振兴之农民综合素质提升》

编　委

前　言
QIAN　YAN

随着中国经济的快速发展，城市化进程的不断推进，乡村振兴已成为国家战略的重要组成部分。然而，在乡村振兴的过程中，我们面临着许多挑战，其中最为突出的问题之一就是农民综合素质的提升。

乡村振兴，关键在人。当前，我国农村地区的发展普遍面临着人才匮乏、教育水平低、技术能力不足等问题。这些问题的存在导致了农村地区的经济发展缓慢、农业生产效率低下、乡村文化萎缩等现象。因此，应认识到农民综合素质提升的紧迫性和重要性，积极探索有效的途径和方法，为乡村振兴战略的实施提供有力支撑。

本书结合农民素质现状，以农民综合素质提升为关键点，围绕思想、文化、技术、政策等多个方面进行编写。本书共10章，分别为了解乡村振兴战略、熟悉农业农村政策、提升思想道德素养、提高科学文化素养、推进农业农村绿色发展、掌握农业生产技能、发展农业经营管理能力、培养农民创业能力、加强精神文化建设、践行文明健康生活。本书内容贴近农民需求，叙述通俗易懂，注重针对性、实用性和可读性，对提升农民综合素质具有重要的指导作用。

由于时间仓促，水平有限，书中难免存在不足之处，欢迎广大读者批评指正！

编　者

目 录

MU LU

第一章　了解乡村振兴战略　/ 1

第一节　乡村振兴战略的背景和意义　/ 2

第二节　乡村振兴战略的目标　/ 6

第三节　实施乡村振兴战略的内涵　/ 7

第四节　乡村振兴实施的路径　/ 12

第二章　熟悉农业农村政策　/ 15

第一节　土地承包与流转政策　/ 16

第二节　新型农村社会养老保险　/ 21

第三节　新型农村合作医疗　/ 24

第四节　农业农村保险　/ 30

第三章　提升思想道德素养　/ 37

第一节　深刻领会习近平新时代中国特色社会主义思想　/ 38

第二节　培育弘扬社会主义核心价值观　/ 41

第三节　加强公民道德建设　/ 47

第四章　提高科学文化素养　/ 57

第一节　农民科学文化素养要求　/ 58

第二节　农民科学文化素养的现状　/ 59

第三节　提高科学文化素养的策略　/ 62

第五章　推进农业农村绿色发展　/ 65
第一节　构建绿色农业产业结构　/ 66
第二节　强化农业资源保护和利用　/ 68
第三节　推进农业清洁生产　/ 69
第四节　构建人与自然的和谐关系　/ 71

第六章　掌握农业生产技能　/ 73
第一节　农业种植技术　/ 74
第二节　农业养殖技术　/ 77
第三节　农业生产新技术　/ 81

第七章　发展农业经营管理能力　/ 99
第一节　农产品营销管理　/ 100
第二节　农产品质量安全　/ 106
第三节　农产品包装　/ 118
第四节　农产品品牌建设　/ 121

第八章　培养农民创业能力　/ 125
第一节　培养创业精神　/ 126
第二节　提升创业能力　/ 129
第三节　掌握创业流程　/ 130

第九章　加强精神文化建设　/ 141
第一节　开展乡村阅读文化建设　/ 142
第二节　举办乡村文化体育活动　/ 144
第三节　保护传承农耕文化　/ 146

第十章　践行文明健康生活　/ 153
第一节　改善农村人居环境　/ 154
第二节　提升文明素养　/ 157
第三节　养成健康生活方式　/ 164

参考文献　/ 168

第一章
了解乡村振兴战略

第一节　乡村振兴战略的背景和意义

一、乡村振兴战略的提出背景

乡村振兴战略是习近平总书记 2017 年 10 月 18 日在党的十九大报告中提出的。2018 年 1 月 2 日，国务院发布 2018 年中央一号文件，即《中共中央国务院关于实施乡村振兴战略的意见》。2018 年 3 月 5 日，国务院总理李克强在《政府工作报告》中提到，大力实施乡村振兴战略。2018 年 5 月 31 日，中共中央政治局召开会议，审议《国家乡村振兴战略规划（2018—2022 年）》。2018 年 9 月，中共中央、国务院印发了《乡村振兴战略规划（2018—2022 年）》，并发出通知，要求各地区各部门结合实际认真贯彻落实。

乡村振兴战略这一重大政治判断是基于改革开放以来尤其是党的十八大到党的十九大这五年时间所取得的全方位的多层次的历史性成就和历史性变革，基于社会矛盾运动的必然结果，但我们应该清晰地认识到新时代的新矛盾和新挑战。面对新时代的新特征以及当前社会主要矛盾的变化，乡村振兴战略应运而生。乡村振兴战略提出的背景主要有三个层面：

第一，乡村振兴战略是基于“两个一百年”奋斗目标中第一个百年奋斗目标的决胜期的到来这一重要背景之一提出的。“农业农村农民问题是关系国计民生的根本性问题。”但是当时我国农村发展的不平衡不充分问题是制约我国实现全面小康的短板之一，特别是针对边远贫困地区小康目标的实现，因为我们要实现的小康是城市和乡村都要实现的全面的小康。

第二，中国特色社会主义进入新时代，我国社会主要矛盾已经转化为人民日益增长的美好生活需要和不平衡不充分的发展之间的矛盾。这一社会主要矛盾的转化对“三农”领域的各方面发展提出了新的更高的要求，乡村居民不仅要吃饱穿暖，获得基本的物质满足，还要有良好的生态人文环境以充实精神世界，实现对美好生活的向往。

第三，党的十八大以来，“三农”工作取得了丰厚的成果和丰富的经验是乡村振兴战略的又一重要背景。自家庭联产承包责任制实施以来，我国乡村人民的生活水平得到大幅改善，我国“三农”工作已经取得了一系列的历史性成就并积累了相当丰富的可借鉴的经验，这就为乡村振兴战略的推进和实施打下了坚实的基础，如乡村市场扩大化、经济发展多元化、农业发展功能多样化等。

二、乡村振兴战略的重要意义

（一）解决发展不平衡不充分矛盾的迫切要求

中国特色社会主义进入新时代，明确了我国发展新的历史方位。新时代，伴随社会主要矛盾的转化，对经济社会发展提出更高要求。新时代我国社会主要矛盾已经转化为人民日益增长的美好生活需要和不平衡不充分的发展之间的矛盾。改革开放以来，随着工业化的快速发展和城市化的深入推进，我国城乡出现分化，农村发展也出现分化，目前最大的不平衡是城乡之间发展的不平衡和农村内部发展的不平衡，最大的不充分是“三农”发展的不充分，包括农业现代化发展的不充分，社会主义新农村建设的不充分，农民群体提高教科文卫发展水平和共享现代社会发展成果的不充分等。从决胜全面建成小康社会，到基本实现社会主义现代化，再到建成社会主义现代化强国，解决这一新的社会主要矛盾需要实施乡村振兴战略。

（二）解决市场经济体系运行矛盾的重要抓手

改革开放以来，我国始终坚持市场经济改革方向，市场在资源配置中发挥越来越重要的作用，提高了社会稀缺配置效率，促进了生产力发展水平大幅提高，社会劳动分工越来越深、越来越细。随着市场经济深入发展，需要考虑市场体制运行所内含的生产过剩矛盾以及经济危机等问题，需要不断扩大稀缺资源配置的空间和范围。解决问题的途径是实行国际国内两手抓，除了把对外实行开放经济战略、推动形成对外开放新格局，包括以“一带一路”建设为重点加强创新能力开放合作，拓展对外贸易、培育贸易新业态新模式、推进贸易强国建设，实行高水平的贸易和投资自由化便利化政策，创新对外投资方式、促进国际产能合作，加快培育国际经济合作和竞争新优势等作为重要抓手外，也需要把对内实施乡村振兴战略作为重要抓手，形成各有侧重和相互补充的长期经济稳定发展战略格局。由于国际形势复杂多变，相比之下，实施乡村振兴战略更加安全可控、更有可能做好和更有福利效果。

（三）解决农业现代化的重要内容

经过多年的持续不断的努力，我国农业农村发展取得重大成就，现代农业建设取得重大进展，粮食和主要农产品供求关系发生重大变化，大规模的农业剩余劳动力转移进城，农民收入持续增长，脱贫攻坚取得决定性进展，农村改革实现重大突破，农村各项建设全面推进，为实施乡村振兴战略提供了有利条件。与此同时，在实践中，由于历史原因，目前农业现代化发展、社会主义新农村建设和农民的教育科技文化发展存在很多突出问题迫切需要解决。面向未来，随着我国经济不断发展，城乡居民收入不断增长，广大市民和农民都对新时期农村的建设发展存在很多期待。把乡村振兴作为党和国家战略，统一思想，提高认识，明确目标，完善体制，搞好建设，加强领导和服务，不仅呼应了新时期全国城乡居民发展新期待，而且也将引领农业现代化发展和社会主义新农村建设以及农民教育科技文化进步。

（四）健全现代社会治理格局的固本之策

社会治理的基础在基层，基础不牢、地动山摇。健全现代社会治理格局，推进国家治理体系和治理能力现代化，必须把抓基层、打基础作为固本之策。社会治理，薄弱环节在乡村。实施乡村振兴战略，加强农村基层基础工作，健全乡村治理体系，确保广大农民安居乐业、农村社会安定有序，有利于打造共建共治共享的现代社会治理格局，推进国家治理体系和治理能力现代化。

实施乡村振兴战略，加强乡村治理。要加强组织领导，各级党委和政府要充分认识加强和改进乡村治理的重要意义，把乡村治理工作摆在重要位置，纳入经济社会发展总体规划和乡村振兴战略规划，开展乡村治理试点示范，及时研究解决工作中遇到的重大问题。要建立协同推进机制。严格落实责任，加强部门联动，党委农村工作部门要发挥牵头抓总作用，强化统筹协调、具体指导和督促落实，对乡村治理工作情况开展督导，对乡村治理政策措施开展评估。要强化各项保障。各级党委和政府要加强乡村治理人才队伍建设，充实基层治理力量，指导驻村第一书记、驻村干部等围绕乡村治理主要任务开展工作，聚合各类人才资源，引导农村致富能手、外出务工经商人员、高校毕业生、退役军人等在乡村治理中发挥积极作用。加强乡村社会治安综合治理设施装备保障，落实乡村治理经费。要加强分类指导。各级党委和政府要结合本地实际，围绕加强和改进乡村治理的主要任务，分类确定落实举措。对于需要普遍执行和贯彻落实的政策措施，要加大工作力度，逐级压实责任，明确时间进度，尽快取得实效。对于需要继续探索的事项，要组织开展改革试点，勇于探索创新，及时总结一批可复制可推广的经验做法，加快在面上推广。对于鼓励提倡的做法，要有针对性地借鉴吸收，形成适合本地的乡村治理机制。要走中国特色社会主义乡村善治之路，建设充满活力、和谐有序的乡村社会，不断增强广大农民的获得感、幸福感、安全感。

（五）实现全体人民共同富裕的必然选择

党的二十大提出，我们要实现好、维护好、发展好最广大人民根本利益，紧紧抓住人民最关心最直接最现实的利益问题，坚持尽力而为、量力而行，深入群众、深入基层，采取更多惠民生、暖民心举措，着力解决好人民群众急难愁盼问题，健全基本公共服务体系，提高公共服务水平，增强均衡性和可及性，扎实推进共同富裕。乡村振兴，生活富裕是根本。实施乡村振兴战略，全面改善农村生产生活条件，促进社会公平正义，有利于增进农民福祉，让亿万农民走上共同富裕的道路。

第二节 乡村振兴战略的目标

实施乡村振兴战略有明确的目标任务和时间表。按照目前中央的部署安排，按照党的十九大提出的决胜全面建成小康社会、分两个阶段实现第二个百年奋斗目标的战略安排，实施乡村振兴战略进一步做了近期和远景的谋划。

一、近期目标

到 2020 年，乡村振兴的制度框架和政策体系基本形成，各地区各部门乡村振兴的思路举措得以确立，全面建成小康社会的目标如期实现。到 2022 年，乡村振兴的制度框架和政策体系初步健全。国家粮食安全保障水平进一步提高，现代农业体系初步构建，农业绿色发展全面推进；农村一二三产业融合发展格局初步形成，乡村产业加快发展，农民收入水平进一步提高，脱贫攻坚成果得到进一步巩固；农村基础设施条件持续改善，城乡统一的社会保障制度体系基本建立；农村人居环境显著改善，生态宜居的美丽乡村建设扎实推进；城乡融合发展体制机制初步建立。农村基本公共服务水平进一步提升；乡村优秀传统文化得以传承和发展，农民精神文化生活需求基本得到满足；以党组织为核心的农村基层组织建设明显加强，乡村治理能力进一步提升。现代乡村治理体系初步构建。探索形成一批各具特色的乡村振兴模式和经验．乡村振兴取得阶段性成果。

二、远景谋划

到 2035 年，乡村振兴取得决定性进展，农业农村现代化基本实现。农业结构得到根本性改善，农民就业质量显著提高，相对贫困进一步缓解，共同富裕迈出坚实步伐；城乡基本公共服务均等化基本实现，城乡融合发展体制机制更加完善；乡风文明达到新高度，乡村治理体系更加完善；农村生态环境根本好转，生态宜居的美丽乡村基本实现。

到 2050 年，乡村全面振兴，农业强、农村美、农民富全面实现。

第三节 实施乡村振兴战略的内涵

乡村振兴战略作为“三农”工作的总抓手，自提出以来就在推动乡村工作各方面的进展，同时也推动乡村事业发展进入了一个全新的阶段。“产业兴旺，生态宜居，乡风文明，治理有效，生活富裕”作为乡村振兴战略的总要求，对乡村发展也提出了新的更高的要求，同时赋予了乡村振兴战略更加丰富、更加科学的内涵。

一、产业兴旺

产业兴旺是乡村振兴的重点。新时代推动农业农村发展核心是实现农村产业发展。农村产业发展是农村实现可持续发展的内在要求。从中国农村产业发展历程来看，过去一段时期内主要强调生产发展，而且主要是强调农业生产发展，其主要目标是解决农民的温饱问题，进而推动农民生活向小康迈进。从生产发展到产业兴旺，这一提法的转变，意味着新时代党的农业农村政策体系更加聚焦和务实，主要目标是实现农业农村现代化。产业兴旺要求从过去单纯追求产量向追求质量转变、从粗放型经营向精细型经营转变、从不可持续发展向可持续发展转变、从低端供给向高端供给转变。城乡融合发展的关键步骤是农村产业融合发展。产业兴旺不仅要实现农业发展，还要丰富农村发展业态，促进农村一、二、三产业融合发展，更加突出以推进供给侧结构性改革为主线，提升供给质量和效益，推动农业农村发展提质增效，更好地实现农业增产、农村增值、农民增收，打破农村与城市之间的壁垒。农民生活富裕前提是产业兴旺，而农民富裕、产业兴旺又是乡风文明和有效治理的基础，只有产业兴旺、农民富裕、乡风文明、治理有效有机统一起来才能真正提高生态宜居水平。党的十九大将产业兴旺作为实施乡村振兴战略的第一要求。党的二十大指出，发展乡村特色产业，拓宽农民增收致富渠道。这都充分说明了农村产业发展的重要性。当前，我国农村产业发展还面临区域特色和整体优势不足、产业布局缺少整体规划、产业结构较为单一、产业市场竞争力不强、效益增长空间较为狭小与发展的稳定性较差等问题，实施乡村振兴战略必须要紧紧抓住产业兴旺这个核心，作为优先方向和实践突破点，真正打通农村产业发展的“最后一公里”，为农业农村实现现代化奠定坚实的物质基础。

二、生态宜居

生态宜居是乡村振兴的关键。习近平同志在党的二十大报告中指出，统筹乡村基础设施和公共服务布局，建设宜居宜业和美乡村。乡村振兴战略提出要建设生态宜居的美丽乡村，突出了新时代重视生态文明建设与人民日益增长的美好生活需要的内在联系。乡村生态宜居不再是简单强调单一化生产场域内的“村容整洁”，而是对“生产、生活、生态”为一体的内生性低碳经济发展方式的乡村探索。生态宜居的内核是倡导绿色发展，是以低碳、可持续为核心，是对“生产场域、生活家园、生态环境”为一体的复合型“村镇化”道路的实践打造和路径示范。绿水青山就是金山银山。乡村产业兴旺本身就蕴含着生态底色，通过建设生态宜居家园实现物质财富创造与生态文明建设互融互通，走出一条中国特色的乡村绿色可持续发展道路，在此基础上真正实现更高品质的生活富裕。同时，生态文明也是乡风文明的重要组成部分，乡风文明内涵则是对生态文明建设的基本要求。此外，实现乡村生态的良好治理是实现乡村有效治理的重要内容，治理有效必然包含着有效的乡村生态治理体制机制。从这个意义而言，打造生态宜居的美丽乡村必须要把乡村生态文明建设作为关键性工程扎实推进，让美丽乡村看得见未来，留得住乡愁。

三、乡风文明

乡风文明是乡村振兴的保障。文明中国根在文明乡风，文明中国要靠乡风文明。乡村振兴想要实现新发展，彰显新气象，传承和培育文明乡风是关键。乡土社会是中华民族优秀传统文化的主要阵地，传承和弘扬中华民族优秀传统文化必须要注重培育和传承文明乡风。乡风文明是乡村文化建设和乡村精神文明建设的基本目标，培育文明乡风是乡村文化建设和乡村精神文明建设的主要内容。乡风文明的基础是重视家庭建设、家庭教育和家风家训培育。家庭和睦则社会安定，家庭幸福则社会祥和，家庭文明则社会文明；良好的家庭教育能够授知识、育品德，提高精神境界、培育文明风尚；优良的家风家训能够弘扬真善美、抑制假恶丑，营造崇德向善、见贤思齐的社会氛围。积极倡导和践行文明乡风能够有效净化和涵养社会风气，培育乡村德治土壤，推动乡村有效治理；能够推动乡村生态文明建设，建设生态宜居家园；能够凝人心、聚人气，营造干事创业的社会氛围，助力乡村产业发展；能够丰富农民群众文化生活，汇聚精神财富，实现精神生活上的富裕。实现乡风文明要大力实施农村优秀传统文化保护工程，深入研究阐释农村优秀传统文化的历史渊源、发展脉络、基本走向；要健全和完善家教家风家训建设工作机制，挖掘民间蕴藏的丰富家风家训资源，让好家风好家训内化为农民群众的行动遵循；要建立传承弘扬优良家风家训的长效机制，积极推动家风家训进校园、进课堂活动，编写优良家风家训通识读本，积极创作反映优良家风家训的优秀文艺作品，真正把文明乡风建设落到实处，落到细处。

四、治理有效

治理有效是乡村振兴的基础。实现乡村有效治理是推动农村稳定发展的基础。乡村治理有效才能真正为产业兴旺、生态宜居、乡风文明和生活富裕提供秩序支持，乡村振兴才能有序推进。新时代乡村治理的明显特征是强调国家与社会之间的有效整合，盘活乡村治理的存量资源，用好乡村治理的增量资源，以有效性作为乡村治理的基本价值导向，平衡村民自治实施以来乡村社会面临的冲突和分化。也就是说，围绕实现有效治理这个最大目标，乡村治理技术手段可以更加多元、开放和包容。只要有益于推动实现乡村有效治理的资源都可以充分地整合利用，而不再简单强调乡村治理技术手段问题，而忽视对治理绩效的追求和乡村社会的秩序均衡。党的十九大报告提出，要健全自治、法治、德治相结合的乡村治理体系。这不仅是实现乡村治理有效的内在要求，也是实施乡村振兴战略的重要组成部分。这充分体现了乡村治理过程中国家与社会之间的有效整合，既要盘活村民自治实施以来乡村积淀的现代治理资源，又毫不动摇地坚持依法治村的底线思维，还要用好乡村社会历久不衰、传承至今的治理密钥，推动形成相辅相成、互为补充、多元并蓄的乡村治理格局。从民主管理到治理有效，这一定位的转变，既是国家治理体系和治理能力现代化的客观要求，也是实施乡村振兴战略，推动农业农村现代化进程的内在要求。而乡村治理有效的关键是健全和完善自治、法治、德治的耦合机制，让乡村自治、法治与德治深度融合、高效契合。例如，积极探索和创新乡村社会制度内嵌机制，将村民自治制度、国家法律法规内嵌入村规民约、乡风民俗中去，通过乡村自治、法治和德治的有效耦合，推动乡村社会实现有效治理。

五、生活富裕

生活富裕是乡村振兴的根本。生活富裕的本质要求是共同富裕。改革开放 40 多年来，经过全党全国各族人民持续奋斗，我们实现了第一个百年奋斗目标，在中华大地上全面建成了小康社会，历史性地解决了绝对贫困问题。尽管农村经济社会发生了历史性巨变，农民的温饱问题得到解决，但是，广大农村地区发展不平衡不充分的问题也日益凸显，积极回应农民对美好生活的诉求必须要直面和解决这一问题。生活富裕不富裕，对于农民而言有着切身感受。长期以来，农村地区发展不平衡不充分的问题无形之中让农民感受到了一种“被剥夺感”，农民的获得感和幸福感也随之呈现出“边际现象”，也就是说，简单地靠存量增长已经不能有效提升农民的获得感和幸福感。生活富裕相较于生活宽裕而言，虽只有一字之差，但其内涵和要求却发生了非常大的变化。生活宽裕的目标指向主要是解决农民的温饱问题，进而使农民的生活水平基本达到小康，而实现农民生活宽裕主要依靠的是农村存量发展。生活富裕的目标指向则是农民的现代化问题，是要切实提高农民的获得感和幸福感，消除农民的“被剥夺感”，而这也使得生活富裕具有共同富裕的内在特征。如何实现农民生活富裕？显然，靠农村存量发展已不具有可能性。有效激活农村增量发展空间是解决农民生活富裕的关键。而乡村振兴战略提出的产业兴旺则为农村增量发展提供了方向。

第四节　乡村振兴实施的路径

我国乡村振兴已经取得了一定的成绩，但是问题依然比较严峻。要实现乡村振兴这一长期目标，我们还需要付出巨大的努力，需要继续推进乡村产业振兴、乡村人才振兴、乡村文化振兴、乡村生态振兴、乡村组织振兴这五条路径。

一、乡村产业振兴

乡村产业振兴是乡村振兴的重要着力点和基础，乡村产业振兴能直接提高乡村居民的收入，增加乡村就业机会，吸引优秀的人才加入乡村产业振兴中来。乡村发展离不开产业振兴，但乡村产业振兴存在农业生产分散化，这使得农民往往各自为政，较难形成统一的生产组织，同时由于农民在生产的过程中缺乏专家的指导，很难走出自身“小农思维”的瓶颈。为了解决乡村产业振兴的诸多问题，可以从推进农业现代化、发展壮大乡村产业、结合乡村本地特色开发新型产业入手。

二、乡村人才振兴

人才振兴是乡村振兴的前提，乡村人才振兴为乡村振兴提供劳动力，是乡村工作的组织者，是建设乡村振兴和生态产品的供给者。人才振兴为乡村振兴提供了可能，是乡村事业创新发展，农业升级与进步的必然联系。

三、乡村文化振兴

乡村文化振兴是促进乡村持久振兴的内在动力，乡村文化振兴的核心在于实现乡风文明，具体来说可以从弘扬中华民族优秀传统文化、加强乡村居民思想道德建设、丰富乡村居民文化生活、推进优秀文化演出下乡村等活动入手。

四、乡村生态振兴

“绿水青山就是金山银山”这一理念对于乡村振兴来说具有重要的意义，与城市相比，乡村的自然风光秀美，良好的生态环境能直接影响乡村的生活质量。随着近几年人们对生态环境越发重视，生态经济的概念已经深入人心，乡村与城市相比，其生态资源更加丰富，具有发展生态经济的比较优势，推进乡村生态振兴重点在于推进乡村农业的绿色发展和持续改善乡村生态居住环境。

具体来说，可以从推进乡村农业绿色可持续性发展、加强乡村生态保护与恢复入手。

五、乡村组织振兴

乡村组织振兴是实施乡村振兴的保障，大量乡村青年外出务工，导致乡村老龄化严重，基层选举出现腐败现象，很多便民利民政策难以落实。如果不能改善乡村治理的现状，实施乡村振兴战略也较难实现，因此推进乡村组织振兴是实现乡村振兴战略的重要路径。具体来说可以从加强乡村基层党组织与政权、促进乡村自治法治德治有机结合、加强基层政府的作用夯实基层政权入手。

第二章

熟悉农业农村政策

第一节　土地承包与流转政策

一、农村土地承包政策

农村土地承包是指采取农村集体经济组织内部的家庭承包方式，不宜采取家庭承包方式的荒山、荒沟、荒丘、荒淮等农村土地，可以采取招标、拍卖、公开协商等方式承包。农村土地承包后土地的所有权性质不变，承包地不得买卖。

（一）农村土地承包新政策的基本内容

1. 稳定农村土地承包关系并保持长久不变，在坚持和完善最严格的耕地保护制度前提下，赋予农民对承包地占有、使用、收益、流转及承包经营权抵押、担保权能。

2. 在落实农村土地集体所有权的基础上，稳定农户承包权、放活土地经营权，允许承包土地的经营权向金融机构抵押融资。有关部门要抓紧研究提出规范的实施办法，建立配套的抵押资产处置机制，推动修订相关法律法规。

3. 切实加强组织领导，抓紧抓实农村土地承包经营权确权登记颁证工作，充分依靠农民群众自主协商解决工作中遇到的矛盾和问题，可以确权确地，也可以确权确股不确地，确权登记颁证工作经费纳入地方财政预算，中央财政给予补助。稳定和完善草原承包经营制度。

4. 切实维护妇女的土地承包权益。加强农村经营管理体系建设。深化农村综合改革，完善集体林权制度改革，健全国有林区经营管理体制，继续推进国有农场办社会职能改革。

5. 对于土地承包，一号文件首次允许承包土地的经营权向金融机构抵押融资。承包地所有权、承包权、经营权“三权分离”。推进农村土地承包经营权确权登记颁证工作时，可以确权确地，也可以确权确股不确地。

（二）农村土地承包新政策的注意事项

1. 妥善解决农村土地承包纠纷的原则

依照《农村土地承包法》和中央关于稳定完善农村土地承包关系的一系列政策，农民拥有法律赋予的长期而稳定的土地承包经营权。法定承包期内，任何组织和个人不得干预农民的生产经营自主权，不得违法调整和收回承包地，不得违背农民意愿强行流转承包地，不得非法侵占农民承包地。

2. 外出务工农民的土地承包经营权的保护

对外出农民回乡务农，只要在土地二轮延包中获得了承包权，就必须将承包地还给原承包农户继续耕作。乡村组织已经将外出农民的承包地发包给别的农户耕作的，如果是短期合同，应当将承包收益支付给拥有土地承包权的农户，合同到期后，将土地还给原承包农户耕作。如果是长期合同，可以修订合同，将承包地及时还给原承包农户；或者在协商一致的基础上，通过给予或提高原承包农户补偿的方式解决。

3. 对待欠缴税费或土地撂荒的农户的承包收回

任何组织和个人不能以欠缴税费和土地撂荒为由收回农户的承包地，已收回的要立即纠正，予以退还。对《农村土地承包法》实施以前收回的农户撂荒承包地，如农户要求继续承包耕作，原则上应允许继续承包耕种。如原承包土地已发包给本集体经济组织以外人员，应修订合同，将土地重新承包给原承包农户；如已分配给本集体经济组织成员，可在机动地中予以解决。

4. 对违背农民意愿，强迫流转承包地的做法处理

强迫农民流转承包土地的，流转关系无效，侵害承包方土地

承包经营权的责任人应当承担民事责任，对擅自截留、扣缴流转收益的行为应予查处并退还款项。乡村组织应将被强迫流转的承包地归还原承包农户，由其自主决定是否继续流转。

5. 对占用基本农田种树等遗留问题的解决方法

市、县、乡（镇）政府未经承包农户同意，与企业签订的承包、租赁或提供农民集体土地特别是基本农田植树的合同，属无效合同，应予废止。林业部门不得颁发林权证，已颁发的要立即收回并注销。已经植树的，当地政府应做好工作，限期将其移植至非基本农田；在规定期限不能移植的，允许农民拔树种田。对企业没有与农户直接签订合同却占用农户承包的非基本农田植树的，应由企业与农民协商是否继续种树。

二、农村土地承包经营权流转政策

（一）流转形式

农村土地承包经营权流转，根据流转双方需要可以采取不同的形式进行，其主要有以下几种形式：

1. 转包

转包是指承包方将部分或全部土地承包经营权以一定期限转给同一集体经济组织的其他农户从事农业生产经营。转包后原土地承包关系不变，原承包方继续履行原土地承包合同规定的权利和义务。接包方按转包约定的条件对转包方负责（承包方将土地交他人代耕不足一年的除外）。

2. 出租

出租是指承包方将部分或全部土地承包权以一定期限租赁给他人从事农业生产经营。出租后原土地承包关系不变，原承包方继续履行原土地承包合同规定的权利和义务。承租方按出租约定的条件对承包方负责。

3. 互换

互换是指在承包方之间为方便耕作或者各自需要，对属于同一集体经济组织的承包地块进行交换，同时交换相应的土地承包经营权。

4. 转让

转让是指承包方有稳定的非农职业或者有稳定的收入来源，经承包方申请和发包方同意，将部分或全部土地承包经营权让渡给其他从事农业生产经营的农户，由其履行相应土地承包合同的权利和义务。转让后原土地承包关系自行终止，原承包方承包期内的土地承包经营权部分或全部灭失。

5. 入股

入股是指实行家庭承包方式的承包方之间为发展农业经济，将土地承包经营权作为股权，自愿联合从事农业生产经营；其他承包方式的承包方将土地承包经营权量化股权，入股组成股份公司或者合作社等，从事农业生产经营。

除以上几种形式以外，还可以采取其他的流转方式进行流转，但不论采取任何流转方式，都要在流转双方自愿的基础上，依法依规的进入流转程序。

（二）流转程序

对进入流转程序的流转行为，以转包、出租、互换或者其他方式流转的，承包方应当及时向发包方备案；以转让方式流转的，应当事先向发包方提出转让申请。承包方将土地交由他人代耕不超过 1 年的，可以不签订流转合同，但要经发包方同意并登记。根据不同的流转形式，应按照下列程序流转：

（1）凡流转的土地应由承包农户向发包方提出申请，填写农村土地承包经营权流转申请书，并由村土地流转信息员，报乡镇土地流转服务站，乡镇服务站对流转信息进行存储并公开发布。经流转双方协商和共同申请，可由收益评估员进行流转事前价格评估，填写土地承包经营权流转评估审核表，提交流转双方参考，确保流转价格的公平、合理。对已达成协议的，乡镇服务站应当及时向达成流转意向的流转双方提供统一文本格式的流转合同，并指导签订。乡镇服务站在指导流转合同签订和鉴证中，发现流转双方有违反法律法规的约定，要及时予以纠正。流转合同签订后，依据流转当事人的申请进行流转合同的鉴证，要做好相应的手续变更和档案归档工作。

（2）以转包、出租、互换、入股等形式流转的土地，流转双方在协商一致的基础上，经乡镇土地流转服务站指导签订书面流转合同。流转合同一式四份，流转双方各执一份，并于合同签订后三日内送发包方、乡镇土地流转服务站各备案一份。以转让形式流转的，承包方必须经发包方同意后，再签订流转合同，合同签订后要将全部合同文本送发包方签署意见后才能生效。发包方不同意转让的应当在七日内向承包方书面说明理由。采取互换、转让方式流转土地的，当事人申请办理土地承包经营权流转登记的，县级人民政府农业行政主管部门应当予以受理，并依照《农村土地承包经营权证管理办法》的规定办理。

（3）受让方对承包方以转包、出租方式流转的土地实行再流转，应当取得原承包方的同意。通过转让、互换方式取得的土地承包经营权，经依法登记获得土地承包经营权证后，可以依法采取转包、出租、转让或者其他符合法律和国家政策规定的方式流转。承包方自愿委托发包方或中介组织流转土地的，应当由承包方出具土地流转委托书。没有承包方的书面委托，任何组织和个人无权以任何方式决定流转农户的承包土地。从事土地流转服务的中介组织应当向县级以上人民政府农业行政主管部门备案并接受其指导，依照法律和有关规定提供流转服务。

（4）凡集体经济组织统一管理的荒山、荒沟、荒丘、荒滩，由村集体经济组织进行全面登记，并报乡镇土地流转服务站，建立"四荒地"管理档案，实行统一管理。将"四荒地"的发包纳入土地流转程序进行管理，在采取流转形式前，需通过招标、拍卖、公开协商等方式进行发包。通过规范的方式取得"四荒地"承包权的，在依法登记，办理农村土地承包经营权证后，承包者可以采取不同的流转形式进行流转。

（5）乡镇农村土地流转服务站要对本行政区域内以转包、出租或其他方式流转承包地的，及时办理相关登记。对以互换、转让方式流转承包土地的，及时办理相关承包合同和土地承包经营权证变更手续；乡镇农村土地流转服务站要及时对各类土地流转进行登记备案，准确无误登记本行政区域内的土地流转情况，对土地流转合同及有关文件、文本、资料进行归档；乡镇农村土地流转服务站可以利用现代化办公资源，将土地流转的情况录入微机管理。健全农村土地流转及合同签订的登记制度，推进全市农村土地流转管理科学化、制度化、规范化、信息化进程，防范和减少因土地流转引发的各类土地矛盾和纠纷。

第二节 新型农村社会养老保险

新型农村社会养老保险（简称新农保）是以保障农村居民年老时的基本生活为目的，建立个人缴费、集体补助、政府补贴相结合的筹资模式，养老待遇由社会统筹与个人账户相结合，与家庭养老、土地保障、社会救助等其他社会保障政策措施相配套，由政府组织实施的一项社会养老保险制度，是国家社会保险体系的重要组成部分。2014年，国务院决定，将新型农村社会养老保险和城镇居民社会养老保险两项制度合并实施，在全国范围内建立统一的城乡居民基本养老保险制度。

一、新农保参保范围

年满16周岁（不含在校学生）、未参加城镇职工基本养老保险的农村居民，可以在户籍地自愿参加新农保。

二、新农保的基金筹集

新农保基金由个人缴费、集体补助、政府补贴构成。

（一）个人缴费

参加新农保的农村居民应当按规定缴纳养老保险费。缴费标准设为每年100元、200元、300元、400元、500元5个档次，地方可以根据实际情况增设缴费档次。参保人自主选择档次缴费，多缴多得。国家依据农村居民人均纯收入增长等情况适时调整缴费档次。

（二）集体补助

有条件的村集体应当对参保人缴费给予补助，补助标准由村民委员会召开村民会议民主确定。鼓励其他经济组织、社会公益组织、个人为参保人缴费提供资助。

（三）政府补贴

政府对符合领取条件的参保人全额支付新农保基础养老金，其中中央财政对中西部地区按中央确定的基础养老金标准给予全额补助，对东部地区给予50%的补助。

地方政府应当对参保人缴费给予补贴，补贴标准不低于每人每年30元；对选择较高档次标准缴费的，可给予适当鼓励，具体标准和办法由省（区、市）人民政府确定。对农村重度残疾人等缴费困难群体，地方政府为其代缴部分或全部最低标准的养老保险费。

三、建立个人账户

国家为每个新农保参保人建立终身记录的养老保险个人账户。个人缴费，集体补助及其他经济组织、社会公益组织、个人对参保人缴费的资助，地方政府对参保人的缴费补贴，全部记入个人账户。个人账户储存额每年参考中国人民银行公布的金融机构人民币一年期存款利率计息。

四、缴费方式

（一）定时缴费

收入比较稳定的农村居民可以选用这种方法，可按月、按季缴纳费用，也可以按半年或按年缴纳保费。

（二）不定时缴费

对于收入不稳定的农村居民可以采纳此方法，熟年多缴，欠年少缴，灾年缓缴。

（三）一次性缴费

对于年龄偏大的农村居民且经济条件较好的，可以选择将保费一次性缴足，年满 60 周岁起就可按月领取养老金。

五、养老金待遇

养老金待遇由基础养老金和个人账户养老金组成，支付终身。

（一）基础养老金

2020 年 7 月 1 日起，全国城乡居民基础养老金最低标准由每人每月 88 元提高到每人每月 93 元，2022 年 7 月 1 日起提高至每人每月 98 元。地方政府可以根据实际情况提高基础养老金标准，对于长期缴费的农村居民，可适当加发基础养老金，提高和加发部分的资金由地方政府支出。

（二）个人账户养老金

个人账户养老金的月计发标准为个人账户全部储存额除以 139（与现行城镇职工基本养老保险个人账户养老金计发系数相同）。参保人死亡，个人账户中的资金余额，除政府补贴外，可以依法继承；政府补贴余额用于继续支付其他参保人的养老金。

六、养老金待遇领取条件

年满 60 周岁、未享受城镇职工基本养老保险待遇的农村有户籍的老年人，可以按月领取养老金。

新农保制度实施时，已年满 60 周岁、未享受城镇职工基本养老保险待遇的，不用缴费，可以按月领取基础养老金，但其符合参保条件的子女应当参保缴费；距领取年龄不足 15 年的，应按年缴费，也允许补缴，累计缴费不超过 15 年；距领取年龄超过 15 年的，应按年缴费，累计缴费不少于 15 年。

要引导中青年农民积极参保、长期缴费，长缴多得。具体办法由省（区、市）人民政府规定。

第三节　新型农村合作医疗

新型农村合作医疗（简称新农合），是指由政府组织、引导、支持，农民自愿参加，个人、集体和政府多方筹资，以大病统筹为主的农民医疗互助共济制度。

一、建立“新农合”应遵循的原则

（一）自愿参加，多方筹资

农民以家庭为单位自愿参加新型农村合作医疗，遵守有关规章制度，按时足额缴纳合作医疗经费；乡（镇）、村集体给予资金扶持；中央和地方各级财政每年安排一定专项资金予以支持。

（二）以收定支，保障适度

坚持以收定支、收支平衡的原则，既保证这项制度持续有效运行，又使农民能够享有最基本的医疗服务。

（三）先行试点，逐步推广

从实际出发，通过试点总结经验，不断完善，稳步发展。随着农村社会经济的发展和农民收入的增加，逐步提高新型农村合作医疗制度的社会化程度和抗风险能力。

二、“新农合”的筹资标准

“新农合”实行个人缴费、集体扶持和政府资助相结合的筹资机制。

（一）农民个人缴费标准

每年的缴费标准不应低于10元，经济条件好的地区可相应提高缴费标准。

（二）乡村集体经济组织扶持

有条件的乡村集体经济组织应对本地新型农村合作医疗制度给予适当扶持。扶持新型农村合作医疗的乡村集体经济组织类型、出资标准由县级人民政府确定，但集体出资部分不得向农民摊派。鼓励社会团体和个人资助新型农村合作医疗制度。

（三）地方财政支持

地方财政每年对参加新型农村合作医疗农民的资助不低于人均 10 元，具体补助标准和分级负担比例由省级人民政府确定。经济较发达的东部地区，地方各级财政可适当增加投入。从 2003 年起，中央财政每年通过专项转移支付对中西部地区除市区以外的参加新型农村合作医疗的农民按人均 10 元安排补助资金。

（四）可以参加“新农合”的人员

除已参加城镇职工基本医疗保险的居民外，其余农村居民均应参加户口所在地的新型农村合作医疗。

由于合作医疗属于互助共济性质，所以必须是以家庭为单位，实行整户参保，避免保大不保小、保弱不保强，中小学生必须与其家庭成员一并参加合作医疗。

三、“新农合”医药费用报销要求

（一）报销材料、手续和程序

所需材料。住院发票原件；出院记录；医药费用清单或医嘱单（由就诊医院提供）；本人身份证明（身份证复印件或户籍证明）；其他（转诊证明、打工地证明等）。

手续和程序。患者在市内就诊，直接在各定点医疗机构结算住院费用；转市外的住院费用，在 1 个月内将上述材料交本乡镇卫生院（合管所）经办人员办理结报手续，经初审后，由乡镇集中送交市医保处结算。

参合人员在本市各定点医疗服务机构（卫生院）住院治疗不需办理任何手续。但因病情需要转市外就诊治疗的，由经治医生填写病情诊断，医疗机构医保办审批，报市合管办备查。急诊在十日内按规定程序补办。

（二）外出打工人员的医药费报销手续

外出打工者住院治疗，除需提供住院发票、出院记录、医药费用清单（或医嘱单）、身份证明外，还需提供打工地的打工证明材料（可由打工所在地的居委会或工厂等单位提供）。否则，按无转诊证明比例结算。

四、“新农合”的资金管理

农村合作医疗基金是由农民自愿缴纳、集体扶持、政府资助的民办公助社会性资金. 要按照以收定支、收支平衡和公开、公平、公正的原则进行管理，必须专款专用，专户储存，不得挤占挪用。

（一）农村合作医疗基金的管理

农村合作医疗基金由农村合作医疗管理委员会及其经办机构进行管理。农村合作医疗经办机构应在管理委员会认定的国有商业银行设立农村合作医疗基金专用账户，确保基金的安全和完整，并建立健全农村合作医疗基金管理的规章制度，按照规定合理筹集、及时审核支付农村合作医疗基金。

（二）专用账户

农村合作医疗基金中农民个人缴费及乡村集体经济组织的扶持资金，原则上按年由农村合作医疗经办机构在乡（镇）设立的派出机构（人员）或委托有关机构收缴，存入农村合作医疗基金专用账户；地方财政支持资金，由地方各级财政部门根据参加新型农村合作医疗的实际人数，划拨到农村合作医疗基金专用账户；中央财政补助中西部地区新型农村合作医疗的专项资金，由财政部根据各地区参加新型农村合作医疗的实际人数和资金到位等情况核定，向省级财政划拨。

中央和地方各级财政要确保补助资金及时、全额拨付到农村合作医疗基金专用账户，并通过新型农村合作医疗试点逐步完善补助资金的划拨办法，尽可能简化程序，易于操作。要结合财政国库管理制度改革和完善情况，逐步实现财政直接支付。

（三）农村合作医疗基金主要补助费用

农村合作医疗基金主要补助参加新型农村合作医疗农民的大额医疗费用或住院医疗费用。有条件的地方，可实行大额医疗费用补助与小额医疗费用补助结合的办法，既提高抗风险能力又兼顾农民受益面。对参加新型农村合作医疗的农民，年内没有动用农村合作医疗基金的，要安排进行一次常规性体检。

各省、自治区、直辖市要制订农村合作医疗报销基本药物目录。各县（市）要根据筹资总额，结合当地实际，科学合理地确定农村合作医疗基金的支付范围、支付标准和额度，确定常规性体检的具体检查项目和方式，防止农村合作医疗基金超支或过多结余。

（四）加强对农村合作医疗基金的监管

农村合作医疗经办机构要定期向农村合作医疗管理委员会汇报农村合作医疗基金的收支、使用情况；要采取张榜公布等措施，定期向社会公布农村合作医疗基金的具体收支、使用情况，保证参加合作医疗农民的参与、知情和监督的权利。县级人民政府可根据本地实际，成立由相关政府部门和参加合作医疗的农民代表共同组成的农村合作医疗监督委员会，定期检查、监督农村合作医疗基金使用和管理情况。

农村合作医疗管理委员会要定期向监督委员会和同级人民代表大会汇报工作，主动接受监督。审计部门要定期对农村合作医疗基金收支和管理情况进行审计。

五、“新农合”报销范围与比例

（一）门诊补偿

（1）村卫生室及村中心卫生室就诊报销 60%，每次就诊处方药费限额 10 元，卫生院医生临时补液处方药费限额 50 元。

（2）乡镇卫生院就诊报销 40%，每次就诊各项检查费及手术费限额 50 元，处方药费限额 10O 元。

（3）二级医院就诊报销 30%，每次就诊各项检查费及手术费限额 50 元，处方药费限额 200 元。

（4）三级医院就诊报销 20%，每次就诊各项检查费及手术费限额 50 元，处方药费限额 200 元。

（5）中药发票附上处方每贴限额 1 元。

（6）镇级合作医疗门诊补偿年限额 5000 元。

（二）住院补偿

（1）报销范围。药费；辅助检查：心脑电图、X 光透视、拍片、化验、理疗、针灸、CT、核磁共振等各项检查费限额 200 元；手术费（参照国家标准，超过 1000 元的按 1000 元报销）。60 周岁以上老人在乡镇卫生院住院，治疗费和护理费每天补偿 10 元，限额 200 元。

（2）报销比例。乡镇卫生院报销 60%；二级医院报销 40%；三级医院报销 30%。

（三）大病补偿

（1）乡镇风险基金补偿。凡参加农村合作医疗保险的住院病人一次性或全年累计应报医疗费超过 5000 元以上分段补偿，即 5001～10000 元补偿 65%，10001～18000 元补偿 70%。

（2）乡镇级合作医疗住院及尿毒症门诊血透、肿瘤门诊放疗和化疗补偿年限额 1.1 万元。

第四节　农业农村保险

一、农业保险的涵义

（一）农业保险的定义

农业保险是指保险机构根据农业保险合同，对被保险人在种植业、林业、畜牧业和渔业生产中因保险标的遭受约定的自然灾害、意外事故、疫病、疾病等保险事故所造成的财产损失，承担赔偿保险金责任的保险活动。

（二）可以赔偿和不赔偿的风险

可以赔偿的风险主要有两类：一是自然灾害和意外事故，如水灾、冰雹、疫病等；二是为公共事业牺牲个人利益，如为防止牲畜疫病蔓延扑杀掩埋病畜等。

保险不赔偿的风险：主要包括政治风险、道德风险和管理风险。发生了战争或是投保人故意的行为都属于免赔范围；另外，发生灾害后未按规定要求采取必要的减损措施，也会影响到正常的索赔。

农业保险不能规避价格风险。因为农业保险只是对合同规定的自然灾害所造成的损失进行补偿，价格风险并不在农业保险的保障范围之内。

二、农业保险的种类

（一）种植业保险、畜牧业保险、渔业保险和森林保险

按照农业生产的对象的不同，农业保险可以分为种植业保险、

畜牧业保险、渔业保险和森林保险。种植业保险通俗来说就是农作物保险，如水稻、小麦等；畜牧业保险主要保牲畜和家禽；渔业保险是为渔民量身打造的；森林保险就是“森林卫士”。

（二）能繁母猪的保险

不是所有能繁母猪都能上保险，前提条件是它打了专用耳标。耳标好比动物的“身份证”，它是佩戴在动物耳部，用于记录标的畜龄、防疫等信息的标牌，以数字、二维码或者电子芯片的形式标记。另外，能繁母猪能否投保还受到母猪畜龄、存栏量、饲养圈舍卫生、健康状况、防疫记录等因素限制。

一般来说投保人及其家庭成员、被保险人及其家庭成员、投保人或被保险人雇用人员的故意行为导致标的死亡，保险公司不予以赔付。

母猪因得传染病被强行扑杀，在保险期间内，由于发生保险条款列明的高传染性疫病，政府实施强制扑杀导致保险母猪死亡，保险公司也负责赔偿，但赔偿金额以保险金额扣减政府扑杀专项补贴金额的差额为限。

（三）农村劳动力意外伤害救灾保险

农村劳动力意外伤害救灾保险是居住在农村的无严重疾病和伤残的家庭劳动者因自然灾害或意外事故造成严重伤残或死亡时，由国家、集体和劳动者个人共同集资成立的救灾保险互济组织，按条款规定及时给付救助费或补助金。目的是通过国家、集体和个人共同筹集一定的救灾保险基金，用来保障农村劳动力伤残有医治，死亡有补偿的一种社会保险制度，以促进农村社会安定和生产力发展。

1. 农村劳动力意外伤害救灾保险范围

农村劳动力意外伤害救灾保险的对象是农村年满 18 周岁至 60 周岁的无严重疾病或伤残的家庭劳动者；保险期限一般为一年，

即自投保人交纳保费之日起，至期满日24时止。保险责任，凡因下列原因导致家庭劳动力严重伤残、死亡时，救灾保险互济组织负责补偿或救助：（1）水灾、火灾、风暴、雪冻、地震、冰雹、泥石流及雷击触电；（2）爆炸、交通事故、中毒、猛兽袭击；（3）固定物体倒塌、空中运行物撞击或机械事故；（4）农村集体承保的生产队（组）负责人及农场主对所属单位的农工、合同工和受聘人员在保险期内负有因意外人身伤害享受补偿的责任。

2. 由于下列原因导致在保劳动力严重伤残或死亡时，救灾保险组织不负保险或救助责任：（1）长期或突发性疾病；（2）被保人及其家庭人员、亲友的故意行为；（3）打架、斗殴、酗酒或违章、违纪、违法、犯罪及不道德行为；（4）战争或军事行为，以及集会、游行、公共娱乐场所引起的伤害。

（四）农业保险险种的财政补贴

农业保险有政策性农业保险和商业性农业保险之分，只有政策性农业保险才可以享受财政补贴。具体的政策性农业保险险种要依据地方的实际来确定，种类和范围在各地区都有所不同。比较常见的保费补贴品种有水稻、小麦、玉米、能繁母猪、奶牛、天然橡胶、森林等。

（五）涉农保险

涉农保险是指农业保险以外、为农民在农业生产生活中提供保险保障的保险，包括农房、农机具、渔船等财产保险，涉及农民的生命和身体等方面的短期意外伤害保险。

三、火灾保险

（一）火灾保险定义

火灾保险是指为存放在固定场所并处于相对静止状态的财产遭受的火灾损失提供保障的保险。目前保险公司开办的财产保险业务没有直接使用火灾保险这一名称，但是企业财产保险、家庭财产保险等都是在火灾保险的基础上发展起来的险种，火灾是其中最重要的承保风险。

（二）家庭财产保险

承保风险以火灾、盗窃等风险为主。家庭财产综合保险主要承保房屋、房屋装修及保单列明的室内财产三类家庭财产。在投保时，保险金额按三类财产分项确定，投保人可以自由选择三类财产的保险金额。

四、普惠的“三农”保险

国务院《关于加快发展现代保险服务业的若干意见》规定，各地根据自身的实际，用来支持保险的机构来提供保费低廉、保障适度、保单通俗的“三农”的保险产品。积极发展农村小额信贷保险、农房保险、农机保险、农业基础设施保险、森林保险，以及农民养老健康保险、农村小额人身保险等普惠保险业务。积极发展农村小额人身保险、农民养老健康保险等普惠的保险的业务。

（一）农村小额信贷保险

农村小额信贷保险是保险公司在银行向农户发放小额贷款时，专为贷款农户提供的意外伤害保险，一般涵盖意外伤残及意外身故保险责任。

（二）农房保险

农房保险是由政府补贴，农户自愿参加的保险，一般农户保险每户保险费 30 元，农户只需交 20 元，其余 10 元由政府补贴，“五保户”保费全部由政府补贴，每户农户政府只补贴一处农房参加保险。

在保险期间，由于下列原因造成保险标的的损失，保险人按照保险合同的约定负责赔偿：火灾、爆炸；雷击、台风、龙卷风、暴雨、暴风、洪水、暴雪、冰雹、冰凌、泥石流、崖崩、突发性滑坡、地面突然下陷；飞行物体及其他空中运行物体坠落，外来不属于被保险人所有或使用的建筑物和其他固定物体的倒塌；地震造成保险标的的损失。

（三）农机保险

农机保险是由保险人（包括各种保险组织）为农机拥有者、使用人员在农机田间作业、道路运输、农业生产、农产品加工等生产经营过程中，遭受自然灾害或者意外事故所造成的损失提供经济补偿的保险保障制度。

农机保险可以分为两类：一类是为了补偿农机拥有者在农机事故中因农机具损坏所造成的损失，主要是农机具损失险。一类是为了补偿在农机事故中因人员伤亡造成的损失，主要包括人身伤害险和第三者责任险。

（四）农村的小额人身保险

农村的小额人身保险是用来解决农村的居民家庭遭遇了意外的风险而获得补偿的一项保险服务的产品，是“新农合”的一个有效的补充，第一次填补了意外的事故、残疾赔付的一个空白，是政府推行的一项惠民工程。人身意外伤害保险是指在约定的保险期内，因发生意外事故而导致被保险人死亡或残疾，支出医疗费用或暂时丧失劳动能力，保险公司按照双方的约定。向被保险人或受益人支付一定量的保险金的一种保险。

1. 参保对象

（1）具有农村户口，年满 28 天以上的农村居民都可以参加，年龄没有上限。

（2）无职业地限制。保险的期限是 1 年，自保险地合同生效之日起到约定的终止日为止，到期还可以续保。

2. 农村小额人身保险的保险范围

被保险人如果因为意外的伤害而导致身故，可以获得30000元的保险金。被保险人因为意外的伤害而导致了身体残疾（自从发生了意外之日起180日之后，是需要经过专业的医疗机构鉴定之后再定级）的，按国家的规定残疾比例给付保险金，最多可以赔付30000元。被保险人因为意外的伤害而导致的医药费、诊疗费，按照合理的费用80%来报销，一次或累计赔付的保险金额为3000元。在新农合报销之后，剩余还没有报完的部分可以在小额保险继续报销。

第三章

提升思想道德素养

第一节　深刻领会习近平新时代中国特色社会主义思想

习近平新时代中国特色社会主义思想是马克思主义中国化最新成果，是中国特色社会主义理论体系的重要组成部分，是全党全国人民为实现中华民族伟大复兴而奋斗的行动指南。“十个明确”和“六个坚持”构成了习近平新时代中国特色社会主义思想的丰富内涵和基本方略。

一、十个明确

党的十九届六中全会审议通过《中共中央关于党的百年奋斗重大成就和历史经验的决议》，以“十个明确”对习近平新时代中国特色社会主义思想的核心内容进行了系统概括。

一是明确中国特色社会主义最本质的特征是中国共产党领导，中国特色社会主义制度的最大优势是中国共产党领导，中国共产党是最高政治领导力量，全党必须增强“四个意识”、坚定“四个自信”、做到“两个维护”。

二是明确坚持和发展中国特色社会主义，总任务是实现社会主义现代化和中华民族伟大复兴，在全面建成小康社会的基础上，分两步走在21世纪中叶建成富强民主文明和谐美丽的社会主义现代化强国，以中国式现代化推进中华民族伟大复兴。

三是明确新时代我国社会主要矛盾是人民日益增长的美好生活需要和不平衡不充分的发展之间的矛盾，必须坚持以人民为中心的发展思想，发展全过程人民民主，推动人的全面发展、全体人民共同富裕取得更为明显的实质性进展。

四是明确中国特色社会主义事业总体布局是经济建设、政治建设、文化建设、社会建设、生态文明建设五位一体，战略布局是全面建设社会主义现代化国家、全面深化改革、全面依法治国、全面从严治党四个全面。

五是明确全面深化改革总目标是完善和发展中国特色社会主义制度、推进国家治理体系和治理能力现代化。

六是明确全面推进依法治国总目标是建设中国特色社会主义法治体系、建设社会主义法治国家。

七是明确必须坚持和完善社会主义基本经济制度，使市场在资源配置中起决定性作用，更好发挥政府作用，把握新发展阶段，贯彻创新、协调、绿色、开放、共享的新发展理念，加快构建以国内大循环为主体、国内国际双循环相互促进的新发展格局，推动高质量发展，统筹发展和安全。

八是明确党在新时代的强军目标是建设一支听党指挥、能打胜仗、作风优良的人民军队，把人民军队建设成为世界一流军队。

九是明确中国特色大国外交要服务民族复兴、促进人类进步，推动建设新型国际关系，推动构建人类命运共同体。

十是明确全面从严治党的战略方针，提出新时代党的建设总要求，全面推进党的政治建设、思想建设、组织建设、作风建设、纪律建设，把制度建设贯穿其中，深入推进反腐败斗争，落实管党治党政治责任，以伟大自我革命引领伟大社会革命。

二、六个坚持

“六个坚持”是在新时代伟大斗争实践中形成的，是习近平新时代中国特色社会主义思想的精髓和灵魂，深刻揭示了习近平新时代中国特色社会主义思想根本的政治立场、彻底的理论品格、独有的精神气质和科学的思想方法。

一是必须坚持人民至上。人民性是马克思主义的本质属性，党的理论是来自人民、为了人民、造福人民的理论，人民的创造性实践是理论创新的不竭源泉。一切脱离人民的理论都是苍白无力的，一切不为人民造福的理论都是没有生命力的。我们要站稳人民立场、把握人民愿望、尊重人民创造、集中人民智慧，形成为人民所喜爱、所认同、所拥有的理论，使之成为指导人民认识世界和改造世界的强大思想武器。

二是必须坚持自信自立。中国人民和中华民族从近代以后的深重苦难走向伟大复兴的光明前景，从来就没有教科书，更没有现成答案。党的百年奋斗成功道路是党领导人民独立自主探索开辟出来的，马克思主义的中国篇章是中国共产党人依靠自身力量实践出来的，贯穿其中的一个基本点就是中国的问题必须从中国基本国情出发，由中国人自己来解答。我们要坚持对马克思主义的坚定信仰、对中国特色社会主义的坚定信念，坚定道路自信、理论自信、制度自信、文化自信，以更加积极的历史担当和创造精神为发展马克思主义做出新的贡献，既不能刻舟求剑、封闭僵化，也不能照抄照搬、食洋不化。

三是必须坚持守正创新。我们从事的是前无古人的伟大事业，守正才能不迷失方向、不犯颠覆性错误，创新才能把握时代、引领时代。我们要以科学的态度对待科学、以真理的精神追求真理，坚持马克思主义基本原理不动摇，坚持党的全面领导不动摇，坚持中国特色社会主义不动摇，紧跟时代步伐，顺应实践发展，以满腔热忱对待一切新生事物，不断拓展认识的广度和深度，敢于说前人没有说过的新话，敢于干前人没有干过的事情，以新的理论指导新的实践。

四是必须坚持问题导向。问题是时代的声音，回答并指导解决问题是理论的根本任务。今天我们所面临问题的复杂程度、解决问题的艰巨程度明显加大，给理论创新提出了全新要求。我们要增强问题意识，聚焦实践遇到的新问题、改革发展稳定存在的深层次问题、人民群众急难愁盼问题、国际变局中的重大问题、党的建设面临的突出问题，不断提出真正解决问题的新理念新思路新办法。

五是必须坚持系统观念。万事万物是相互联系、相互依存的。只有用普遍联系的、全面系统的、发展变化的观点观察事物，才能把握事物发展规律。我国是一个发展中大国，仍处于社会主义初级阶段，正在经历广泛而深刻的社会变革，推进改革发展、调整利益关系往往牵一发而动全身。我们要善于通过历史看现实、透过现象看本质，把握好全局和局部、当前和长远、宏观和微观、主要矛盾和次要矛盾、特殊和一般的关系，不断提高战略思维、历史思维、辩证思维、系统思维、创新思维、法治思维、底线思维能力，为前瞻性思考、全局性谋划、整体性推进党和国家各项事业提供科学思想方法。

六是必须坚持胸怀天下。中国共产党是为中国人民谋幸福、为中华民族谋复兴的党，也是为人类谋进步、为世界谋大同的党。我们要拓展世界眼光，深刻洞察人类发展进步潮流，积极回应各国人民普遍关切，为解决人类面临的共同问题做出贡献，以海纳百川的宽阔胸襟借鉴吸收人类一切优秀文明成果，推动建设更加美好的世界。

第二节 培育弘扬社会主义核心价值观

一、社会主义核心价值观的内容

社会主义核心价值观是社会主义核心价值体系的内核，体现社会主义核心价值体系的根本性质和基本特征，反映社会主义核心价值体系的丰富内涵和实践要求，是社会主义核心价值体系的高度凝练和集中表达。

党的十八大提出，倡导富强、民主、文明、和谐，倡导自由、平等、公正、法治，倡导爱国、敬业、诚信、友善，积极培育和践行社会主义核心价值观。富强、民主、文明、和谐是国家层面的价值目标，自由、平等、公正、法治是社会层面的价值取向，爱国、敬业、诚信、友善是公民个人层面的价值准则，这 24 个字是社会主义核心价值观的基本内容。

（一）富强　民主　文明　和谐

富强、民主、文明、和谐，是我国社会主义现代化国家的建设目标，也是从价值目标层次对社会主义核心价值观基本理念的凝练，在社会主义核心价值观中居于最高层次，对其他层次的价值观具有统领作用。

1. 富强

富强，即国富民强，是社会主义现代化国家经济建设的应然状态，是中华民族梦寐以求的美好夙愿，也是国家繁荣昌盛、人民幸福安康的物质基础。

2. 民主

民主，是人类社会的美好诉求。我们追求的民主是人民民主，其实质和核心是人民当家做主。它是社会主义的生命，也是创造人民美好幸福生活的政治保障。

3. 文明

文明，是社会进步的重要标志，也是社会主义现代化国家的重要特征。它是社会主义现代化国家文化建设的应有状态，是对面向现代化、面向世界、面向未来的，民族的科学的大众的社会主义文化的概括，是实现中华民族伟大复兴的重要支撑。

4. 和谐

和谐，是中国传统文化的基本理念，集中体现了学有所教、劳有所得、病有所医、老有所养、住有所居的生动局面。它是社会主义现代化国家在社会建设领域的价值诉求，是经济社会和谐稳定、持续健康发展的重要保证。

（二）自由 平等 公正 法治

自由、平等、公正、法治，是对美好社会的生动表述，也是从社会层面对社会主义核心价值观基本理念的凝练。它反映了中国特色社会主义的基本属性，是我们党矢志不渝、长期实践的核心价值理念。

1. 自由

自由，是指人的意志自由、存在和发展的自由，是人类社会的美好向往，也是马克思主义追求的社会价值目标。

2. 平等

平等，即公民在法律面前的一律平等，其价值取向是不断实现实质平等。它要求尊重和保障人权，人人依法享有平等参与、平等发展的权利。

3. 公正

公正，即社会公平和正义，它以人的解放、人的自由平等权利的获得为前提，是国家、社会应然的根本价值理念。

4. 法治

法治，是治国理政的基本方式，依法治国是社会主义民主政治的基本要求。它通过法制建设来维护和保障公民的根本利益，是实现自由平等、公平正义的制度保证。

（三）爱国　敬业　诚信　友善

爱国、敬业、诚信、友善，是公民基本道德规范，是从个人行为层面对社会主义核心价值观基本理念的凝练。它覆盖社会道德生活的各个领域，是公民必须恪守的基本道德准则，也是评价公民道德行为选择的基本价值标准。

1. 爱国

爱国，是基于个人对自己祖国依赖关系的深厚情感，也是调节个人与祖国关系的行为准则。它同社会主义紧密结合在一起，要求人们以振兴中华为己任，促进民族团结、维护祖国统一、自觉报效祖国。

2. 敬业

敬业，是对公民职业行为准则的价值评价，要求公民忠于职守，克己奉公，服务人民，服务社会，充分体现了社会主义职业精神。

3. 诚信

诚信，即诚实守信，是人类社会千百年传承下来的道德传统，也是社会主义道德建设的重点内容，它强调诚实劳动、信守承诺、诚恳待人。

4. 友善

友善，强调公民之间应互相尊重、互相关心、互相帮助，和睦友好，努力形成社会主义的新型人际关系。

二、农村传播社会主义核心价值观的意义

农村传播社会主义核心价值观，能够有效整合多元化的乡村价值观，增强主流意识形态的价值引领，提升农民道德素养，培养乡村共同体意识。

国家层面的社会主义核心价值观传播，有助于改变传统农民“只管自己三分地”，不关心国家大事的小农意识，转变小富即安、自私自利的思想意识，把国家的发展同自我发展联系起来，不断增进对国家的认同感、自豪感。正确的国家价值观可以帮助农民关注和了解国家大政方针，理解党为实现民族复兴的初心和决心，增强对中国特色社会主义共同理想的价值认同，积极投身于“富强、民主、文明、和谐、美丽”的现代化国家建设和乡村振兴的时代大潮。

社会层面的社会主义核心价值观传播，有助于改变传统农村生活中，基于血缘、地缘形成的熟人和半熟人社会生态，打破乡村差序格局中的尊卑意识和等级观念，构建“自由、平等、公正、法治”的农村社会环境，有利于农民突破陈规陋习的思想束缚，树立现代乡村公共精神，解放思想、大胆创新，打破城乡结构壁垒，把城市优势资源引向农村，促进城乡融合，缩小城乡差距，推动实现共同富裕。

个人层面的社会主义核心价值观传播，有助于改变农民因为贫穷落后而萌生的自私狭隘的传统道德观念，构建和谐文明的乡村人文环境。随着我国经济社会发展，虽然人们不再会为了日常小事争吵打架，但依然有农民因为邻里间的恩怨，阻挠乡村公路修到他人门口，不利于构建和谐的乡村邻里关系。倡导“爱国、敬业、诚信、友善”的现代公民个人价值准则，构建现代公民的行为准则和道德观念，为农民在处理个人利益和他人利益、集体利益的关系时提供价值引领，同时为乡村文化振兴、农村现代化提供思想基础、精神动力和文化环境。

三、培育弘扬社会主义核心价值观的对策

（一）加强学习教育，调动农民的积极性

我国农村是思想文化建设的薄弱环节，人们信仰非主流化的

倾向日益严重，通过开设学习专题讲座、举行基层理论巡回宣讲、利用村民坝坝会、村广播、村远程教育站等载体，推进社会主义核心价值观下基层，深化广大农民群众对社会主义核心价值观的认识和理解，调动农民参与践行社会主义核心价值观的积极性，从而夯实培育和践行社会主义核心价值观的思想基础，充分发挥社会主义核心价值观在社会主义新农村建设中的规范行为、稳定秩序、提供精神动力等作用。

（二）注重多方宣传，促进乡风文明

树立社会主义核心价值观能有力地促进农村乡风文明，结合农村实际，可通过建立村规民约、文化走廊、制度上墙、建立图书室、组建文化下乡队等形式加强宣传，大力传播先进文化、塑造美好心灵、弘扬社会正气，努力形成正面舆论强势，使社会主义核心价值观为广大人民群众所感知、认同和接受，营造出全民践行社会主义核心价值观的氛围。

（三）树立先进典型，发挥示范作用

先进典型是推进培育和践行社会主义核心价值观的鲜活教材。要让农村家庭、学校和社会各界形成合力，通过身边实实在在的典型示范、榜样引领，使社会主义核心价值观深入人心，充分发挥各类先进典型的榜样示范和教育引导作用，及时总结推广先进典型经验，广泛开展学习宣传先进典型活动，用先进典型及事迹来教育人、影响人、引导人、使广大农民学有榜样、赶有目标，进而使社会主义核心价值观念内化为农民群众的思想意识和自觉行动。

在基层培育和践行社会主义核心价值观，是一项长期任务，坚持用社会主义核心价值观教育农民，积极引导农民参与实践，让社会主义核心价值观深入人心。

第三节 加强公民道德建设

一、遵守社会公德

社会公德是社会生活中最简单、最起码、最普通的行为准则，是维持社会公共生活正常、有序、健康进行的最基本条件。因此，社会公德是全体公民在社会交往和公共生活中应该遵循的行为准则，也是作为公民应有的品德操守。2019 年中共中央、国务院印发的《新时代公民道德建设实施纲要》明确提出，推动践行以文明礼貌、助人为乐、爱护公物、保护环境、遵纪守法为主要内容的社会公德，鼓励人们在社会上做一个好公民。

（一）文明礼貌

文明礼貌是人与人之间团结友爱和情感沟通的桥梁，表现为人们之间交往的一种和悦的语气、亲切的称呼、诚挚的态度，更表现为谈吐文明、举止端庄等。这些虽为日常小事，但对建设和谐友爱的乡村起着重要作用。当然，文明礼貌也是一个历史的范畴，随着时代和条件的变化而不断更新。

（二）助人为乐

助人为乐就是以关心他人、帮助他人为快乐之本。它体现了社会主义的人道主义精神，是为人民服务的具体体现。

生活在农村这个集体中的任何农民，都不可能脱离他人的帮助而存在，也不可能脱离他人的关心而生活。人与人之间需要相互依存、相互关心和帮助。当别人有困难时，要热情地伸出援助之手，急他人之所急，帮他人之所需；当看到他人发生摩擦、纠纷时，要积极调解，帮他人化干戈为玉帛；当看到他人有缺点或错误时，要给予批评和帮助，表达自己的关心和爱护之意。

（三）爱护公物

公共财物包括一切公共场所的设施，它们是提高人民生活水平，使大家享有各种服务和便利的物质保证。爱护公物主要表现为：一是要做到公私分明，不占用公家财物，不化为私有；二要爱护公共设施，使其能够为更多的人服务；三要敢于同侵占、损害、破坏公共财物的行为做斗争。

（四）保护环境

农村区域占我国国土面积的绝大部分，农村环境的维护和保持是我国环境保护的重要内容。总体上而言，农村环境保护可以分成生活环境和农业生产环境两个部分。生活环境的保护涉及人居和家居环境的改善，以及生活区环境卫生的维护，主要靠人们良好的生活习惯和生活垃圾的妥善处理来维持。农业生产环境主要涉及农业耕地质量和农用水源质量的保护，而耕地和水源质量的好坏和农业生产作业过程有着密切的联系，特别是农药、化肥、除草剂等的过量施用需要引起农户特别的关注。在经济发展过程中不仅要“金山银山”，还要“绿水青山”，树立“保护环境，人人有责”的观念，努力养成有利于环境保护的生活习惯、行为方式，提高科学的农事作业的技能。

（五）遵纪守法

遵纪守法是指遵守纪律和法律。它是保证社会健康有序发展的基础。对于个人来说，是否能够自觉维护公共场所秩序，有没有纪律观念和法律意识，体现了他的道德风貌。

对于农民来说，遵纪守法就是要增强法制意识，维护宪法和法律权威，学法、知法、用法，执行法规、法令和各项行政规章；就是要遵守公民守则、乡规民约和有关制度；就是要见义勇为，敢于同违反法律法规和各种纪律的行为做斗争。

二、恪守职业道德

职业道德是指适应各种职业的要求而必然产生的道德规范，是社会占主导地位的道德或阶级道德在职业生活中的具体体现，是人们在履行本职工作过程中所应遵循的行为规范和准则的总和。2019年中共中央、国务院印发的《新时代公民道德建设实施纲要》明确提出，推动践行以爱岗敬业、诚实守信、办事公道、热情服务、奉献社会为主要内容的职业道德，鼓励人们在工作中做一个好建设者。

（一）爱岗敬业

爱岗敬业，即从业者热爱自己的本职工作，以正确的态度对待自己的岗位工作，在职业活动中尽职尽责、兢兢业业、忠于职守。它是我国社会主义职业道德的一条基本规范，是对各行各业从业者职业道德的一种普遍要求。

爱岗敬业就要做到乐业、勤业、精业。乐业就是要求我们苦中作乐。从事农业生产是一项很辛苦的工作，要慢慢地从农业生产中寻找快乐。勤业要做到“四勤”，即腿勤、手勤、眼勤、脑勤。精业是指精通专业，通常是农民技术能力的体现。

很多人往往无法改变自己的工作岗位，但可以改变其对所从事职业岗位的情感和态度，形成优良的职业道德品质。在工作中，树立干一行爱一行、专一行的理念，发挥自己的才能，促进事业的成功，拥有一个辉煌的人生。

（二）诚实守信

诚实守信是指从业者在履行岗位职责的过程中诚实劳动、讲求信誉。诚实劳动，即从业者在职业活动中以诚实的态度对待自己的劳动和工作。讲求信誉，即从业者在职业活动中做到实事求是、诚实守信，对工作精益求精，注重产品质量和服务质量，从人民的利益出发，忠诚地履行自己承担的职责。

对于农民来说，提供质量安全的有保证的农产品是农民对整个社会最为基本的信用，也是职业道德的重要要求。在市场经济高度发达的今天，很多农民因为眼前利益而失去了信用，如瓜果蔬菜中农药化肥过量使用、牲畜养殖抗生素滥用、农产品加工中化学化工品的滥用等。失信违约普遍会在一定程度上扰乱了社会的合理秩序，加剧了全社会对农产品质量安全的担忧，最终还会引起对于行业整体的质疑，使其深陷严重的信任危机之中。

（三）办事公道

办事公道是指在职业活动中要做到公平公正，不谋私利，不徇私情，不假公济私。也就是说，做事要讲原则，不管对人对己都要坚持实事求是，站在公正的立场上，按照同一标准办事。要做到办事公道，坚持原则，不徇私情，肯定会承受来自各个方面的压力和各种干扰。农民朋友要采取灵活策略，不计较个人得失，不怕权势。

（四）服务群众

服务群众，是指从业者不管从事何种职业，身处什么岗位或地位，都要为广大人民群众竭诚服务。其基本要求是：从业者在从事职业活动时文明服务，谈吐文雅、举止大方、礼貌待人，对人民极端热忱；自觉抵制不正之风，服务热情周到，讲究服务质量。

文明社会之一的标志应是“我为人人，人人为我”，这种互相服务的和谐的人际关系，对整个社会的精神面貌和社会风气有重大的影响。而每个从业人员的服务精神如何，直接影响社会风气和文明程度。

（五）奉献社会

人生价值主要是通过自己的本职工作体现出来的，而奉献社会则是人生价值的真谛所在。在社会主义市场经济条件下，奉献精神自然是社会正常运转的内在需要，是社会主义职业道德不可缺少的内容。奉献社会，即农民要把自己的全部智慧和力量投入到为社会、集体、他人的服务之中。基本要求是：正确认识、对待和处理从业者自身利益和社会利益的关系、经济效益和社会效益的关系，把行为的动机、效果统一起来，自觉地为社会做贡献。

市场经济是以商品交换为核心的经济形态。人们既是生产者又是消费者，任何人都无法生产出自家所需要的所有产品，都要通过交易行为取得生产和生活必需品。在农产品中，食品是人们不可缺少的生活必需品，关系到亿万人的健康和幸福。因此，对农民朋友来说，恪守职业道德非常重要。其中，爱岗敬业、诚实守信是对农民职业道德的基础性和基本要求，达不到这两项要求，都很难履行好岗位职责，并求得自身的生存与发展。

三、传承家庭美德

家庭是以婚姻和血缘关系或收养关系为基础的社会生活组织，是人类社会、国家，乃至每个村庄的最基本的组织单位和经济单位。家庭美德是每个公民在家庭生活中应该遵循的行为准则，涵盖了夫妻、长幼、邻里之间的关系。家庭生活与社会生活有着密切的联系，正确对待和处理家庭问题，共同培养和发展夫妻爱情、长幼亲情、邻里友情，不仅关系到每个家庭的美满幸福，也有利于社会的安定和谐。2019 年中共中央、国务院印发的《新时代公民道德建设实施纲要》明确提出，推动践行以尊老爱幼、男女平等、夫妻和睦、勤俭持家、邻里互助为主要内容的家庭美德，鼓励人们在家庭里做一个好成员

（一）尊老爱幼

尊老爱幼是指尊敬长辈，爱护晚辈，它是中华民族的传统美

德，是人类敬重自己的表现。尊老爱幼不仅要求尊敬自己的长辈、爱护自己的子女，也要求尊敬别的老人，爱护年幼的孩子。对于农民来说，在生活中要懂得感恩自己的长辈，关心他们的身体和生活，为他们提供相应的物质生活条件，照料老人的日常生活起居；关心年幼的孩子，为他们提供力所能及的帮助，让他们快乐生活，健康成长。

（二）男女平等

男女平等是指在家庭生活的各个方面，女子和男子均人格独立、地位平等，享有同等的权利和义务。要摒弃“重男轻女”的传统思想，使男女享有同等的教育、就业及财产等方面的权利。

（三）夫妻和睦

在现代社会，夫妻关系已日益成为家庭关系中的主轴，夫妻之间的婚姻质量也日益上升为家庭生活质量的决定性因素。因而，夫妻和睦的美德建设，是经营好一个家庭的基础。这种美德，主要体现在尊重对方的人格和情感，尊重对方的个性与发展意愿。这种尊重在日常生活中具体表现为夫妻间的相互帮助、相互信任、相互理解。夫妻和睦的美德，还表现在夫妻间的相互给予和奉献。道德的婚姻不是相互占有，而是平等的结合；恩爱的夫妻不是相互索取，而是无私地给予和奉献。

（四）勤俭持家

勤俭即勤劳节俭。勤劳是指努力劳作，不怕辛苦，尽力多做事。节俭是对消费加以节制，不奢侈浪费。勤俭是家庭兴旺的保证，也是社会富足的保证。勤俭持家、勤劳致富，是中华民族的传统美德。对于农民来说，既要做到不断提升农业技能，勤劳致富，又要做到量入为出、节约开支。

（五）邻里互助

邻里和谐是人们共同关心、企盼的一件事。邻里和谐不仅会影响到居家生活环境，也是社会和谐与文明不可缺少的组成部分。邻里和睦，见面客客气气，有事相互帮忙，就能融洽相处、亲如一家，给人带来方便和快乐。相反，邻里感情冷淡、关系紧张，就会影响到自己的好心情，给生活和工作带来不利。

在日常生活中，农民朋友要自觉照顾左邻右舍。在邻居发生困难时，要主动伸出援助之手，在邻居有人生病时，要主动问候、探望，必要时帮助其去医院诊治；在邻居遭遇危难时，要见义勇为，挺身而出，勇敢地前往支援解救。

邻里之间难免会有种种误会、纠葛，正确的处理方法是互谅互让，严于律己，宽以待人，各自多作自我批评。当然，对那些不讲道理、胡搅蛮缠的邻居的不合理的要求和做法，也不必无原则地迁就，可以摆事实、讲道理，使之分清是非，还可以通过双方都信任的中间人从中沟通，或通过村民委员会、派出所出面解决问题，防止感情冲动。矛盾升级，打架斗殴，结怨生仇。

四、建设个人品德

个人品德是指人类个体以心理活动形式表现出来的道德观念、道德情感、道德行为和道德品质。个人品德与社会公德、职业道德、家庭美德是紧密联系的。一个品德高尚的人，无论在工作单位、社会和家庭中都会是一个好成员；一个品德低下的人，就可能做出有损于社会、家庭和他人的不道德行为。不管是社会公德、职业道德还是家庭美德，都是一个人的个人品德在不同场合下，因不同角色担当的表现。2019 年中共中央、国务院印发的《新时代公民道德建设实施纲要》明确提出，推动践行以爱国奉献、明礼遵规、勤劳善良、宽厚正直、自强自律为主要内容的个人品德，鼓励人们在日常生活中养成好品行。

（一）爱国奉献

爱国奉献是新时代奋斗者的自觉价值追求。对每一个中国人来说，爱国奉献是本分，是职责，是心之所系、情之所归。爱国，是中华民族根植最深、影响最久的精神品质，深刻影响着一代又一代中国人的精神世界，影响着国家的发展和民族进步。

（二）明礼遵规

明理遵规是个人品德的内涵和格局要求。应懂得相应的礼仪，让自己成为彬彬有礼，知书达理的人。要遵守相应的规章制度，不触犯相应的规章制度。倘若没有纪律的规范，各项秩序就无从保证，人们生存、发展的环境就会遭到破坏，人民群众就不可能安居乐业。明理遵规是现代社会公民的基本素质和义务，是保持社会和谐安宁的重要条件。

（三）勤劳善良

勤劳善良是个人品德最基本的涵养途径。自古及今，人们幸福美好的生活都是由劳动创造的。一个人在事业上的成就，最重要的就是竭尽全力、持之以恒地不断地努力，辛勤地劳动和扎实地工作。心存良善之人，在他人有了困难时，会及时解急救难、雪中送炭；受到他人帮助时，也会心怀感激，而不存讹诈之意；会对他人的缺点给予设身处地的体谅，而不是一味地斥责；对他人的优点会虚心学习，而不是一味地嫉妒。善良是对人类大善之爱的续写和人性温暖的相互传递，在人性蕴藏的情愫里，最柔软又最有力量。

（四）宽厚正直

宽厚正直是个人品德的外在表现。在处理人际关系、待人接物等方面，要懂得宽容厚道，不刻薄，能容人。正直是人类的一种优秀品德，也是人类社会对个体性格的一种理想追求。做人要正直、做事要正派，堂堂正正，公公正正，才是立身之本、处世之基。

（五）自强自律

自强自律是个人品德的一种内在性要求。生活从不眷顾因循守旧、满足现状者，从不等待不思进取、坐享其成者，而是将更多机遇留给勇于自强和善于自律的人们。自强者胜，自律者强。自律，要求个人不仅要有自控的决心，还要有坚定的毅力，甚至要付出一定的代价和牺牲。自律一般包含自我改造、自我约束和自我监督三个方面。没有自律，自强的目标再远大，也无法真正落地。加强个人品德修养，自强自律是一个永恒的主题，在时间空间上都不应该有例外。

第四章

提高科学文化素养

第一节 农民科学文化素养要求

一、科学文化素养的内涵

农民科学文化素养是指农民所具备的科学文化知识、对科学技术的认识、接受和运用能力等方面的素质。科学文化素养通常反映农民接受文化科技知识教育的程度，掌握文化科技知识量的多少、质的高低以及运用于农业生产实践的熟练程度。在现代社会，科学文化素养在农民整体素质中起着主导性作用。

科学文化素养的高低直接影响着科技成果在农业生产中的转化和应用，从而决定了农业现代化的进程。只有提高农民的科学文化素养，才能真正解决“三农”问题，才有可能实现我国农业和农村的现代化。科学文化素养的提高还是农民物质上脱贫致富的重要途径，也是农民精神生活脱贫致富的根本保障。农民科学文化素养的高低，很大程度上反映着农业生产水平的高低，直接影响着农民走向富裕的进程与途径。

二、科学文化素养要求

（一）科学素养要求

对于高素质农民来说，对其科学素养的要求是：了解科学技术知识、懂得科学方法；基本了解自然界和社会之间的关系；能够认识到科学技术、科学方法的作用，能够运用科学方式和思维方式方法来处理日常生活中的困难和问题；掌握相应的基础农业科学，通过在生产活动中对科技成果的应用，如无人机植保技术，最终将科技成果转化为劳动力。

（二）文化素养要求

一个人的文化素养高低一般由其文化基础的高低决定。文化基础一般由其受教育程度来衡量。相对来说，一个人的学历越高，其文化基础相应也越好。对于高素质农民来说，“有文化”是最基本的素养要求，文化基础决定其接受和消化科学信息的能力，决定其不断发展和提升的能力。因此，对高素质农民来说，设立最基本的文化基础要求是必需的。在高素质农民培育课题的相关研究和实践中，人们普遍认为高素质农民必须接受良好的中等或高等教育。对于大多数未来劳动力来说，接受良好的中等或高等教育（至少是中等教育），具备与所从事职业相适应的文化知识水平，除相对偏远和贫困地区外，这对于我国目前的农村教育条件来说，总体上都可以成立。

第二节　农民科学文化素养的现状

一、农民科学文化素养取得的成绩

我国对农村科普工作一直高度重视，农村科普一直是我国科普事业的重要方面。近年来，我国在农村地区组织开展了大量的科普行动与工程，推广农业新技术、卫生知识，使广大农民的身体素质以及劳动技能都大大提高。有效遏制各类陈规陋习，抵制封建迷信活动，提高了农村的文明程度，科学对农民的观念和行动产生了越来越深入的影响。

农民科学素质提升行动有效支撑了脱贫攻坚，尤其是党的十八大以来，坚持扶贫与扶志扶智相结合，针对贫困地区突出存在的科技和人才短板，扎实推进科技扶贫工作，不断增强贫困地区的内生动力和自我增长能力。现代青年农场主培养计划、科技扶贫“百千万”工程、百万高素质农民学历提升行动计划、基层科普行动计划等得到深入实施，各级农技协促进科技帮扶，科技志愿服务深入开展。

二、农民科学文化素养存在的问题

在取得重大成绩的同时，我们也应看到，当前农民科学文化素质还存在一些问题，不能满足乡村振兴的需要。

（一）农民科学文化素质整体水平较低

由于大多数农民受教育年限比较短，文化水平较低，应用农业科技的能力差，直接导致了农业生产力水平低、农产品质量上不了档次、经济附加值不高、农民增收、农业增效困难。随着近年来城市化的发展，有文化、有能力、会经营的青年农民纷纷外出经商、打工、定居，在农村的大部分是妇女、儿童、老年人等留守人员，这部分人大都仅具有初高中以下文化。

（二）农民的科学意识淡薄

科学意识是从科学的角度理解问题、分析问题和解决问题的思想观念及其行为。农民大多没有读书看报的习惯，不善于利用各种传媒提高自身的科学素质，对农业科学、自然科学、人文科学等方面的科普知识了解不多。

（三）科技培训不尽合理

农民科学素质教育是一项长期的公益性事业，地方财政部门在对农民科学素质教育经费的投入缺乏长远规划，导致很多地方并无专门的经费投入，培训资金缺乏保障，同时培训中没有根据时代的发展选择合适的培训项目，过多地侧重在养殖产业、种植产业的培训，对计算机网络、手机搜集材料信息的培训几乎为零。

三、农民科学素质提升行动

2021 年 6 月 25 日，国务院发布关于印发《全民科学素质行动规划纲要（2021—2035 年）》（以下简称“《科学素质纲要》”）的通知。《科学素质纲要》着重提出，在“十四五”时期实施农民科学素质提升行动，开展农民教育培训 1000 万人次以上，培育农村创业创新带头人 100 万名以上；造就一支适应农业农村现代化发展要求的高素质农民队伍，加快推进乡村全面振兴。

实施农民科学素质提升行动将从四个方面展开。

一是树立相信科学、和谐理性的思想观念。重点围绕保护生态环境、节约能源资源、绿色生产、防灾减灾、卫生健康、移风易俗等，深入开展科普宣传教育活动。以提升科技文化素质为重点，提高农民文明生活、科学生产、科学经营能力，

二是实施高素质农民培育计划。面向保障国家粮食安全和重要农副产品有效供给、构建乡村产业体系、发展农村社会事业新需求，依托农广校等平台开展农民教育培训，大力提高农民科技文化素质，服务农业农村现代化。开展农民职业技能鉴定和技能等级认定、农村电商技能人才培训，举办面向农民的技能大赛、农民科学素质网络竞赛、乡土人才创新创业大赛等，开展农民教育培训 1000 万人次以上，培育农村创业创新带头人 100 万名以上。实施农村妇女素质提升计划，帮助农村妇女参与农业农村现代化建设。

三是实施乡村振兴科技支撑行动。鼓励高校和科研院所开展乡村振兴智力服务，推广科技小院、专家大院、院（校）地共建等农业科技社会化服务模式。深入推行科技特派员制度，支持家庭农场、农民合作社、农业社会化服务组织等新型农业经营主体和服务主体通过建立示范基地、田间学校等方式开展科技示范，

引领现代农业发展。引导专业技术学（协）会等社会组织开展农业科技服务，将先进适用的品种、技术、装备、设施导入小农户，实现小农户和现代农业有机衔接。

四是提升革命老区、民族地区、边疆地区、脱贫地区农民科技文化素质。引导社会科普资源向欠发达地区农村倾斜。开展兴边富民行动、边境边民科普活动和科普边疆行活动，大力开展科技援疆援藏，提高边远地区农民科技文化素质。提升农村低收入人口职业技能，增强内生发展能力。

第三节　提高科学文化素养的策略

一、牢固树立科技致富观念

从事生产、增加收入，必须抓住机遇，迎接挑战，扬长避短，趋利避害，研究和实践新的农业发展理念。纵观每一位率先走上富裕道路的农民创业史，不难看出他们除了具有普通农民所具有的吃苦耐劳、艰苦创业的精神外，他们的思想观念与时代也是相适应的，既对形势与政策有一定的了解，又能把握好机遇，敢于大胆尝试，更重要的是他们都掌握一定的科学技术，以科技知识武装头脑，以科技农产品占领市场，以科技手段创造高效益。

二、积极参加农民职业技能培训

要通过加强农村的教育和科技推广服务工作，努力提高广大农民的科学文化素养，努力提高广大农村经济社会发展的科技含量。因此，必须采取多种形式，通过多种途径、多种渠道加强农民特别是青年农民的职业技能培训，使每个农民掌握一至两项农业实用技术；必须改革农村科技、教育体制，实行农科教相结合；必须激励农民学习技术，有条件的地方可给获得技术员职称的农民以补贴；推行“绿色证书”制度，对获得“绿色证书”的农民争取农业生产贷款可考虑免除担保手续，从而造就一种学科技光荣、用科技获得实惠的社会风尚。

三、主动学习科学文化知识

“科技兴农”就是“知识兴农”。高素质农民要多渠道地接受政府对于农业科学的思想教育、宣传，充分利用广播、电视、报纸、书刊、会议、培训等多种形式学习先进科学文化知识，同时将转变思想观念放在首位，适时抛弃传统的小农意识，走出安于现状、不思进取的误区。通过政府对于农村、农业发展多渠道的信息网络，积极学习市场供求趋势、农产品价格变动、农业新技术、新品种等方面的信息。只有不断接受教育，树立科学意识，爱科学、学科学、用科学，才能跟上社会发展的步伐。

第五章

推进农业农村绿色发展

第一节　构建绿色农业产业结构

实施乡村振兴战略，推动产业兴旺是重点。必须牢固树立和践行“绿水青山就是金山银山”的理念，坚持绿色兴农，以农业供给侧结构性改革为主线，加快构建节约资源和保护环境的乡村产业结构，既要产业生态化，也要生态产业化，让“绿水青山”真正变成“金山银山”。

一、推动农业转型升级

为了打造生产发展、生活富裕、生态良好的美丽乡村，要统筹推进农村的经济、文化、社会和生态文明建设，既让产业发展符合环境保护的要求，也要不断推进生态产业化，切实让“绿水青山”变成“金山银山”。要使产业发展更好地符合环境保护要求，需对一二三产业进行生态化改造，推动产业转型升级。在第一产业方面，要立足于乡村资源和基础，发展特色和优势农业，防止村落间或者乡镇间形成同质化低端竞争，特别是要在区域农产品竞争的格局中形成不同的特色和优势；在第二产业方面，要以建设城镇工业园区为抓手，依托乡村资源发展有特色的环境友好型和资源节约型工业，淘汰落后产能，支持主产区农产品就地加工转化增值；在第三产业方面，可依托城市的休闲和养生需求，加强快速化交通网络建设，实施观光园区、森林人家、康养基地、乡村民宿、特色小镇等休闲农业和乡村旅游精品工程，在严格保护中把“绿水青山”转化为群众看得见、摸得着的“金山银山”，实现百姓富、生态美的更好统一，实现产业生态化与生态产业化的有机结合。

二、发展绿色农业

“绿水青山”要变成“金山银山”，需发挥绿色产业的比较优势。应推动形成“一县一优势、一乡一品牌、一村一特色”，促进各地在竞争中找准位置、突出特色，通过营销手段的信息化、产品和服务的标准化，提升产业影响力，夯实区域生态环境和经济质量的综合竞争力。同时要加强信用体系建设，通过惩罚机制和社会监督机制来保护生态品牌。此外还需着力推动农业规模化发展，在集中连片规模化经营中实现降成本、减污染、树品牌，实现社会效益、经济效益与环境效益的联动提升。让绿色资源变成城乡都能接受的生态产品和生态服务。当前，一些地方着力打造乡村的民宿经济、旅游经济、特色农业和特色工业，保护环境与产业发展已经形成了良性循环。对于不适宜发展民宿经济、旅游经济的地区，也可以考虑结合本地气候和自然条件发展生态农业，依靠发展绿色工业和绿色农业富群众、富财政。

三、发展资源节约型、环境友好型农业

资源节约型、环境友好型农业就是围绕转变农业发展方式，以提高资源利用效率和生态环境保护为核心，以节地、节水、节肥、节药、节种、节能、资源综合循环利用和农业生态环境建设保护为重点，推广应用节约型的耕作、播种、施肥、施药、灌溉与旱作农业、集约生态养殖、秸秆综合利用等节约型技术。推广应用减少农业面源污染、减少农业废弃物生成、注重水土保持和保护环境的环保型技术，大力培养农民和农业企业的资源节约和环境保护观念，大力发展循环农业、生态农业、集约农业等有利于节约资源和保护环境的农业形态，促进农业实现可持续发展。

第二节　强化农业资源保护和利用

农业资源环境是确保国家粮食安全和主要农产品有效供给的物质基础，也是农产品质量安全的源头保障。当前，我国农业资源环境形势面临诸多严峻挑战，必须从加强生态文明建设的战略高度出发，努力推动农业资源环境保护利用工作不断上新台阶。

一、提升乡村耕地资源质量

深入实施耕地质量提升计划，扩大实施规模，推广秸秆还田、土壤改良、病虫害绿色防控等综合配套技术。积极稳妥推进耕地轮作试点，加强轮作耕地管理，加大轮作耕地保护和改造力度，优先纳入高标准农田建设范围，实现用地与养地结合，多措并举保护提升耕地产能。全面推进建设占用和工矿企业生产建设活动占用耕地耕作层土壤剥离再利用。加大土地整治力度，大力实施中低产田改造工程，推进高标准农田建设。

二、推进畜禽养殖污染治理

规模化畜禽养殖场（小区）要根据污染防治需要，配套建设粪便污水贮存、处理、利用设施；散养密集区实行畜禽粪便污水分户收集、集中处理利用。鼓励以肥料生产及沼气工程为主要途径，推进畜禽养殖粪便污水资源化利用。

三、实施化肥和农药零增长行动

优化调整农业结构和布局，推进种植业清洁生产，推广低毒、低残留农药使用，深入开展测土配方施肥，推广机械深施、水肥一体化、叶面喷施等施肥方式。推广高效缓（控）释肥，扩大配方肥使用范围，支持新型农业经营主体使用有机肥，保护与提升耕地质量。将农业污染源纳入环保日常监测和总量减排工作，建立监测机制，完善核算体系，掌握农业污染的现状和趋势。大规模开展病虫害专业化统防统治，扶持专业化防治服务组织。分作物建立绿色防控示范区。推广新型、环境友好型高效农药和生物农药，加大高效大中型药械补贴力度，推行精准施药和科学用药。

第三节 推进农业清洁生产

农业清洁生产是农业发展的一种新模式，其目的是通过生产和使用清洁能源和原料，改善管理和监控体系，减少农产品生产过程中的各种污染，以满足农业生产的需要。长期以来，传统农业生产模式以“资源—产品—废弃物”为主，如果将循环理念融入农业生产方面，实现“资源—产品—废弃物—再生资源”循环利用，就可以从源头上减少农业污染，形成投入品减量化、生产清洁化、废弃物资源化、产业模式生态化，从而实现绿色生产与生态环保的良性互动。

一、强化废弃资源保护与节约利用

推进畜禽粪污综合利用，推广污水减量、厌氧发酵、粪便堆肥等生态化治理模式。完善病死畜禽无害化处理设施，建设覆盖饲养、屠宰、经营、运输整个链条的无害化处理体系。加强秸秆、农膜、畜禽粪便等农业生产废弃物的收集、处理及资源化利用，开展农作物秸秆资源化利用新技术示范，推动秸秆肥料化、饲料化、基料化、能源化、原料化应用。建设高标准农膜试点，开展生物可降解地膜对比试验示范，实施地膜回收利用示范工程。推进特大型生物天然气工程试点建设，探索沼气工程“先建后补”的发展模式。

二、推广绿色环保农机

充分发挥农业机械化技术及装备在推进农业绿色发展中的主要作用，推动电动农机研发、制造和推广进度，有计划、分步骤、逐步扩大电动农机的应用规模，减少农业机械使用过程中对农作物和农田的污染，鼓励农民报废高耗能农业机械，因地制宜购置绿色环保的农机具，推广大型复式农业机械。

三、发展循环经济

创建现代高效清洁生产农业模式。循环经济本质上是一种生态经济，它倡导在物质不断循环利用的基础上发展经济，建立“资源—产品—再生资源”的新经济模式，以彻底改变“资源—产品—污染排放”的直线、单向流动的传统经济模式，从而把经济活动对环境的影响降低到尽可能小的程度。大力推行清洁生产、先进适用技术和“绿色技术”，用高新技术改造传统产业，从源头上减少生产过程中的废物排放，节约和合理利用资源。发展循环经济，推行清洁生产，在资源开采环节要大力提高资源综合开发和回收利用率。在资源消耗环节要大力提高资源利用效率，在废弃物产生环节要大力开展资源综合利用，在再生资源产生环节要大力回收和循环利用各种废旧资源，在社会消费环节要大力提倡绿色消费。实现城市与农村统筹发展，生态环境与经济社会协调发展。

四、发展绿色生态新产业

近年来，农村电商、休闲农业和乡村旅游等农村新产业、新业态迅猛发展，为农业、农民、农村的发展注入前所未有的新动能。在农村新产业、新业态不断发展的基础上，以保护生态环境为前提，充分发挥区域内乡村独特的生态资源优势，提升农业的生态价值、休闲价值和文化价值，拓展农业供给多种功能，打造农业全产业链，从而实现自然资源的合理开发利用，激活乡村自然生态资源的价值，增加乡村生态产品供给，使其成为带动农民增收致富的新亮点、成为城镇居民休憩的新去处、成为传承农耕文明的新载体。

第四节　构建人与自然的和谐关系

为了使人类和自然更加和谐地相处，“环保”的理念必须提出。随着城镇化进程的不断加快，很多农村产生了很多因为经济发展带来的环境问题，因此，保护农村的生态环境，建设环保型新农村是现在农村发展的当务之急。

一、树立环保的意识

要想防止农村环境恶化，首先要让人们都树立环保的意识，加强环保方面的宣传，对私自开采矿藏的行为进行严厉处罚。为了保持农村的绿水蓝天，森林的作用必不可少，因此，对农村大面积存在的树木要进行较大强度的保护。

二、自觉实践环保行为

环保社会的建立是人类可持续发展的必要条件，人们的衣食住行等各个方面都与社会和自然息息相关。因此，在人们的日常生活中，要使用卫生、环保的器材，食用绿色有机食物，对生活垃圾进行分类处理，对生产垃圾进行回收利用。当然，上述这些并不是单靠个人就能够完成的，这还需要政府和社区的协调帮助，政府要发动群众，多进行环保知识宣传，多举办环保类型的活动，从行动上影响群众，使群众成为自觉环保的好公民。

三、协调自然和经济的共同发展

因为城镇化进程的影响，很多企业都已经“移民”到农村，这些企业中大多都是高污染、高排放的企业，因此，在引进投资方面，政府要加强对排污的严格把关，禁止乱排乱放，统筹全局，协调自然和经济的共同发展。

建立资源节约型和环境友好型社会，要发展循环经济和低碳经济，调整我国现阶段的经济结构，把环保落实到日常的工作和生活中，对污染型企业进行整改。在提高资源利用率的同时，也要把排污工作做好，要时刻把人民群众的健康利益放在首位。

只有人人都树立环保的意识和观念，在日常生活中落实环保行为，环保的新农村才能顺利建立，农村才能健康发展，我们的社会才会更加和谐美好。

第六章

掌握农业生产技能

第一节　农业种植技术

一、主要农作物的种植

（一）粮食和油料作物的种植技术

粮食和油料作物的生产品种很多，主要是玉米、水稻、大豆、小麦、谷子、高粱、荞麦、小豆、向日葵和芝麻等。尽管这些作物生长特点不同，但在种植管理上也有一些基本要求。主要是掌握各种作物的生长特性，如作物的生长期，对温度、水分、光照、土壤的要求和对矿物质营养的需求；要了解作物轮作，整地与施肥，及时播种，田间管理，适期收获和收获后的加工、整理、储藏等生产技术。在此基础上，才能根据农作物生长发育和收获加工的实际需要，实施有效地生产管理，从而保证和提高农作物的产品数量及质量。

（二）蔬菜的种植技术

蔬菜种植品种多、周期短、季节性强、复种指数高，栽培技术较为复杂，投入人力、物力和财力较多；蔬菜又是鲜嫩的产品，含水量高，容易腐烂变质，多数不耐储存和长途运输，还要求无公害生产，专业化生产水平较高，需要品种多样，均衡供应，淡季不淡，旺季不烂。

蔬菜种植方式主要有三种：一是露地栽培方式，这在整个蔬菜生产中占比重较大。二是保护地栽培方式，是在塑料大棚和简易温室种植蔬菜。三是温室栽培方式（工厂化生产），对蔬菜的生长发育所需要的条件可以进行人工控制，可全年生产，均衡供应，在解决淡季蔬菜供应中发挥了较大的作用。但投资大、成本高。

在蔬菜种植中，应根据自身条件，选择适宜的方式，采用先进的科学技术，改善蔬菜生产条件，提高蔬菜储藏和加工能力。

（三）果树的种植技术

果树适应性强，山地和瘠薄土地均可栽植，是发展多种经营的较好生产项目。果树是多年生植物，适应性比较强，既可以取得较高的经济收入，又可以保护生态环境。但是，果树种植一般是在较长时间内连续投资才能收益，投资回报期较长。根据以上特点，果树种植应当因地制宜选择树种，实行果粮结合、果林结合，以短养长。在发展果树生产的同时，相应地发展果品加工业，增加经济收入。

在果树种植园地的建设和管理上，首先要根据本地的气候、土壤性质、地势、水源和相关条件，选择好果树种植园地。其次是对果园进行科学规划。建果园是长期生产，一定要做好发展规划，要合理确定果园面积、种植规模和果树品种。还要对果树的栽植地段、品种搭配、行列距离、光照、通风、施肥、灌溉、排水和田、林路、渠等统筹安排，以便于管理。

二、农药减施增效

农药减施增效的技术路径包括下列几个方面：

根据病虫害发生危害的特点和预防控制的实际，坚持综合治理、标本兼治，重点在“控、替、精、统”四个字上下功夫。

一是“控”，即是控制病虫发生危害。应用农业防治、生物防治、物理防治等绿色防控技术，创建有利于作物生长、天敌保护而不利于病虫害发生的环境条件，预防控制病虫发生，从而达到少用药的目的。

二是“替”，即是高效低毒低残留农药替代高毒高残留农药、大中型高效药械替代小型低效药械。大力推广应用生物农药、高效低毒低残留农药，替代高毒高残留农药。开发应用现代植保机械，替代跑冒滴漏落后机械，减少农药流失和浪费。

三是“精”，即是推行精准科学施药。重点是对症适时适量施药。在准确诊断病虫害并明确其抗药性水平的基础上，配方选药，对症用药，避免乱用药。根据病虫监测预报，坚持达标防治，适期用药。按照农药使用说明要求的剂量和次数施药，避免盲目加大施用剂量、增加使用次数。

四是“统”，即是推行病虫害统防统治。扶持病虫防治专业化服务组织、新型农业经营主体，大规模开展专业化统防统治，推行植保机械与农艺配套，提高防治效率、效果和效益，解决一家一户“打药难”“乱打药”等问题。

三、化肥减量增效

化肥减量增效的技术路径包括下列几个方面：

一是精，即是推进精准施肥。根据不同区域土壤条件、作物产量潜力和养分综合管理要求，合理制定各区域、作物单位面积施肥限量标准，减少盲目施肥行为。

二是调，即是调整化肥使用结构。优化氮、磷、钾配比，促进大量元素与中微量元素配合。适应现代农业发展需要，引导肥料产品优化升级，大力推广高效新型肥料。

三是改，即是改进施肥方式。大力推广测土配方施肥，提高农民科学施肥意识和技能。研发推广适用施肥设备，改表施、撒施为机械深施、水肥一体化、叶面喷施等方式。

四是替，即是有机肥替代化肥。通过合理利用有机养分资源，用有机肥替代部分化肥，实现有机无机相结合。提升耕地基础地力，用耕地内在养分替代外来化肥养分投入。

第二节　农业养殖技术

一、畜牧业养殖

（一）畜牧业的生产特点

畜牧业是利用动物的生理机能，通过饲养、繁殖取得动物产品或役用牲畜的生产行业，是农业的重要组成部分。畜牧业的生产特点如下：

1. 畜牧业生产条件要求较高

畜牧业生产对象是有生命的动物性产品，在自然灾害、疫病袭击和自然条件不适应的情况下，动物不仅容易死亡，还会使繁殖成活率和畜产品生产量下降，而且在短时间内难以恢复。因此要努力创造良好的饲养条件，做好疫病防治工作，使畜禽健康生长。

2. 畜牧业生产周期比农作物要长

一般来说，家畜的生产周期是：猪 1 年、羊 2 年、牛 3 年。因此，要选用优良畜禽品种，采用先进饲养管理技术，加快畜禽出栏。

3. 畜产品具有鲜活性

畜产品在储藏、运输过程中容易损失和腐烂变质，所以，要特别做好畜产品的冷冻、储藏、加工、运输工作以及市场调查和市场预测工作，使畜禽生产能够符合市场的需要，让消费者购买到新鲜的畜产品。

4. 畜产品价值高，综合利用性强

畜产品几乎没有废弃物，是价值较高的商品。因此，应以养殖业为基础，开展加工配套的生产经营，积极提高畜产品的综合利用水平，获得更大的经济效益。

5. 畜牧业生产对种植业有较强的依赖性

畜牧业需要大量的饲料，同时又能给种植业提供大量的肥料。通过综合性经营，可以把畜牧业和种植业有机地结合起来，根据当地的生产习惯，给予二者不同的主次地位。

(二) 畜种选择

由于不同畜种对饲料和饲养技术等要求存在很大的差异，选择畜禽品种主要应考虑以下三个主要因素。

1. 市场需求

选择畜禽品种必须充分考虑市场需求的发展趋势，切忌凭主观臆想，盲目选择。主要是通过市场调查，了解大量的有关信息，再去分析、比较、评价，选择市场前景看好的畜禽品种，这样才能使自己的经营项目同市场需求相适应，以利于获得良好的经济效益。

2. 饲料供应状况

畜禽种类、品种、畜龄，体积大小不同对饲料要求存在差异。选择畜禽品种，必须考虑在本地区能够买到所需要的饲料，并有稳定的饲料来源，保证畜禽正常生长、发育的需要。一般地说，饲料粮多的地区宜选择猪、鸡等杂食畜禽，饲草多的地区宜选择牛、羊、鹅等草食畜禽。

3. 自身条件

资金、技术装备，劳动力、饲养经验、熟练程度等对畜种选择也会产生影响。资金雄厚可选择投资较多的畜种，如牛、羊。反之，则选择需投资较少的畜禽，如猪、鸡、鸭、鹅等。饲养经验和熟练程度也要作为条件考虑。

此外，选择畜种还应考虑一些其他条件，如当地气候条件，社会化服务能力，如防疫能力等。选择畜禽品种必须考虑到影响畜种选择的各种因素，并在此基础上进行综合分析，根据条件去选择。

（三）畜群结构

畜群指饲养或放牧的同类畜种群体单位。畜群结构是指在一定时期内，某一畜种按性别、年龄、用途划分的畜组在畜群总头数中所占的比重。畜群结构包括三个组成部分：即用于繁殖的基本母畜和种公畜头数；用于更新和扩大繁殖的后备畜头数；用于育肥的幼畜和育肥畜头数。在养殖过程中，应因地制宜，确定合理的畜群结构，以适应畜牧业生产发展的要求，达到预期的生产目的和经济效益。

二、渔业养殖

（一）渔业的生产特点

渔业生产既是自然再生产的过程，又是社会再生产的过程，二者相辅相成。一方面渔业的自然生产以水体为媒介，其载鱼量是有限制的，且鱼体生长周期性长，季节性强，应充分把握水体产鱼的阶段性与生产潜力；另一方面，渔业生产时，又需要人来组织安排，使各项生产措施适应渔业生产的自然规律。渔业生产的地域差异明显，对于不同水域的不同生产方式，其产量和效益有很大差异。因此，在组织渔业生产时应考虑生产的布局，选择合适的饲养方式。如采用混养或综合养鱼，采用网箱或工厂化养鱼，会产生不同的收益。

渔业生产的对象在水体中不易看见，需要科学的饲料与管理的手段。如我国池塘养鱼传统的“八字精养法”——水、种、饵、密、混、轮、防、管措施是一种经验的总结，在现代渔业生产管理中仍有重大价值。

渔业生产与农业其他部门的生产联系极为密切。一方面渔业生产主要依赖农业生产和产品，如饲料和饵料来源于种养殖业；另一方面，渔业为主体，带动许多部门的发展。

（二）在渔业生产管理上应注意的几个问题

1. 选种

鱼类生产的选种非常重要。人们利用现代生物技术培育出了许多具有优良性状的新品种，个体大，肉质鲜美，病虫害少，成活率高。

2. 注意采用集约化养殖模式

我国传统上采用池塘养鱼技术，其鱼产量约占淡水养殖总量的 3/4。特点是成本低（养殖鱼类食物链短，很少用精料，采用混养方式．充分利用饵料和水体）、产量高。有条件的可以选择集约化养鱼技术，虽然成本高些，但其产量更高、效益更好。

3. 特种水产品的养殖

青、草、鲢、鲤、鲫、鳊 6 种鱼是长期生产实践中选定的优良品种。是淡水渔业的主体。在稳住“当家鱼”的同时，也要根据市场需求，因地制宜地发展特种水产品。特种水产品包括鱼类、两栖类和无脊椎动物中的某些水生种类。由于特种水产品能满足市场上求新、求异的消费心理，因而在一段时期内会呈现俏销的势头，可以有较多的赢利。但是饲养特种水产品的技术往往不成熟，人们消费量小，市场需求变化大，风险较高。在经营特种水产品时，第一要掌握完整的生产技术；第二要认识到，每一种特种产品都有一个被市场接受，受市场欢迎，被市场淘汰的过程，管理者要心中有数。当市场需求变化时要迅速调整自己的生产结构，收缩生产或转产。

第三节　农业生产新技术

一、农业机械技术

目前，我国主要农作物的机械化技术主要包括水稻机械化生产技术、小麦机械化生产技术、玉米机械化生产技术、油菜机械化生产技术、棉花机械化生产技术、花生机械化生产技术、甘蔗机械化生产技术、保护性耕作技术、土壤深松机械化技术、高效节水灌溉技术、草原复壮机械化技术、农作物秸秆综合利用机械化技术。

二、地膜栽培技术

（一）地膜种类

地膜种类很多，随着塑料工业科技发展，应用于农业生产的地膜种类不断更新和扩大。根据塑料薄膜的制造方法不同，分为压廷薄膜、吹塑薄膜；根据塑料薄膜所具有的某些特殊性能，有育秧薄膜、无滴薄膜、有色薄膜、超薄覆盖薄膜、宽幅薄膜等。根据塑料薄膜的不同厚度和宽度，又有各种不同规格。目前生产中常用的塑料地膜主要是无色透明地膜、有色地膜和特种地膜等。

（二）地膜覆盖栽培技术

地膜覆盖栽培的特点是用透明的塑料薄膜把适播农田从地面上封盖起来，造成不同于露地栽培的农田土壤环境，增温保墒，蓄水防旱，保持土壤疏松，在一定程度上起到抑制杂草生长、压碱、促进作物根系发育等作用，从而促进增产和改善品质．提高经济效益。

我国在利用地膜栽培植棉、地膜覆盖开发利用盐碱地、改砾田栽培为地膜覆盖栽培等方面取得了很好的效果。在棉花、玉米、水稻、花生、西瓜、甜菜、蔬菜等多种作物上，比较系统地提出了规范化的覆膜栽培模式，为不断提高我国农业生产技术水平作出了重大贡献。

三、无土栽培技术

（一）无土栽培技术概述

无土栽培是一种不用天然土壤作基质的栽培技术，它是将作物直接栽培在一定装置的营养液中，或者栽培在用沙、砾石、蛭石、珍珠岩、稻壳熏炭、煤、岩棉等非土壤的基质材料做成的栽培床上。

无土栽培的方式很多，根据其栽培床是否使用基质，可将无土栽培分为两大类：基质培和水培。基质培是用固体基质代替土壤做栽培床栽培作物，固体的基质包括天然的沙、砾、草炭、锯木屑和人工基质如岩棉、多种泡沫塑料及纤维等。而水培则是将作物的根系直接置于营养液中，不用基质材料，营养液可以循环利用。根据无土栽培不同的基质种类，不同的栽培床，不同的通气方式和营养液供应方式等，还可以将无土栽培的种类分成多种。

不同的无土栽培方式，由于采用不同的基质，不同的栽培床装置和供液方式，其应用技术和应用效果各不相同，不同的设施装置的一次性投资大小亦不一样。所以，我们在进行无土栽培时，一定要了解不同的无土栽培方式的特点和具体的应用技术，根据不同的作物种类和财力、物力等条件，选用适当的无土栽培方式。

（二）无土栽培技术应用范围

无土栽培的应用范围主要有以下几个方面。

1. 用于栽培蔬菜作物

当前多数国家栽培的作物以蔬菜为主，在蔬菜作物中栽培最多的是番茄，其次有黄瓜、厚皮甜瓜、西瓜、茄子、辣椒、莴苣、菠菜、芹菜等。

2. 栽培花卉植物

多用于栽培切花、盆花用的草本或木本花卉，其花朵较大，花色鲜艳，花期长，香味浓。主栽作物有玫瑰、菊花、香石竹、郁金香、风信子、唐菖蒲、蔷薇、大岩桐以及观叶植物等。

3. 苗木生产

用无土栽培进行苗木生产，具有成苗快、幼苗壮等优点。如果树苗、林木苗等。

4. 药用植物栽培

草本药用植物可用无土栽培，效果良好。

5. 食用菌栽培

英国等西欧国家用草炭及炭渣栽培食用菌，效果良好，每平方米产量达 16～20 千克。

6. 沙漠、荒滩、盐碱地及楼顶、阳台的利用

在沙滩薄地、盐碱地上利用无土栽培大面积生产蔬菜和花卉有良好效果；有条件的地方还可在楼顶、阳台进行无土栽培，用以补充蔬菜和花卉的需要，而且可以美化环境，调节气候。

四、节水灌溉技术

节水灌溉就是依靠现代科学技术，充分利用天然降水资源，进行农业灌溉，满足农作物的生长需要，减少农田灌溉过程中出现的损失及浪费，提高水资源利用率，从而以较少的灌溉水量取得较大的生产效益和经济效益，即最大限度地提高单位灌溉水量的农作物产量和产值的灌溉措施。目前在我国推广应用的节水灌溉形式主要有以下 11 类。

1. 渠道防渗

渠道渗漏是农田灌溉用水损失的主要方面。渠道防渗是节水灌溉的重要措施之一。应用渠道防渗技术后，一般可使渠系水利用系数提高到0.6～0.85，比原来的土渠提高50%～70%。渠道防渗还具有输水快、有利于农业生产抢季节、节省土地等优点，是当前我国节水灌溉的主要措施之一。随着渠道防渗技术手段的应用，灌溉用水得到了有效节约，且土壤次生盐碱化、渠道坍塌、渠道冲淤等事故的发生频率也得到了适当抑制。在保证渠道内输水能力不断提升的基础上，缩小渠道自身的断面面积，并以迎合建筑物尺寸作为首要目标，通过这种方式不仅能够有效控制地下水位的上涨趋势，也能有效节约渠道占地面积，减少由维修、管理产生的渠道防渗工程费用。渠道防渗技术既能以较低的用水量获得较大的产出收益，也能在维持高水平单位灌溉水量的同时完成作物的物理灌溉。根据所使用的材料，渠道防渗可分为三合土护面防渗、砌石（卵石、块石、片石）防渗、混凝土防渗、塑料薄膜防渗（内衬薄膜后再用土料、混凝土或石料护面）等。

2. 管道输水

管道输水是通过输水管道（塑料管道或低压输水管道）取缔传统明渠，把水直接输送至田间灌溉，从而减少水在明渠输送过程中的渗漏和蒸发损失。发达国家的灌溉输水已大量采用管道。目前，我国北方井灌区的管道输水推广应用较快。常用的管材有混凝土管、塑料硬（软）管、金属管等。管道输水与渠道输水相比，具有输水迅速、节水、省地、增产等优点。应用管道输水技术，可以使水的利用系数提高到0.95，节电20%～30%，省地2%～3%，增产幅度10%。在有条件的地方应结合实际积极发展管道输水。但是，管道输水仅仅减少了输水过程中的水量损失，而要真正做到高效用水，还应配套喷灌、滴灌等田间节水措施。

3. **喷灌**

喷灌是借助水泵和管道系统或利用自然水源的落差，把具有一定压力的水喷到空中，散成小水滴或形成弥雾降落到植物上和地面上的灌溉方式。常用的喷灌分管道式、平移式、中心支轴式、绞盘式、轻小型机组式。管道式喷灌分移动管道式喷灌、固定管道式喷灌。移动管道式喷灌通常将输水干管固定埋设在地下，田间支管和喷头可拆装搬移、周转使用，因而降低了投资。固定管道式喷灌是将管道、喷头安装在田间固定不动。其灌溉效率高，管理简便，适用于蔬菜、果树、经济作物灌溉，但是投资较高，不利于机械化耕作。中心支轴式大型喷灌机与平移式大型喷灌机只能在预定范围内行走，行走区域内不能有高大障碍物，土地要求较平整。其机械化和自动化程度高，适用于大型农场或规模经营程度较高的农田。绞盘式喷灌机（也称卷盘式喷灌机）分喷枪式、折架式 2 种，其中折架式具有雾化好、耗能低的优点。轻小型机组式喷灌机具可以手抬，或装在手推车、拖拉机上，具有机动灵活、适应性强、价格较低等优点，通常用于较小地块的抗旱喷灌。其具有机动灵活、适应大小田块、亩设备投资低等优点，是一种适合中国国情、有发展前景的喷灌形式，可适用于大田作物、蔬菜等。喷灌作为一种先进的机械化、半机械化灌溉方式，在很多发达国家已广泛采用。喷灌具有以下优点：①节水效果显著（水的利用率可达 90%）。②作物增产幅度大（一般可达 20%～40%）。③大大减少了田间渠系建设及管理维护和平整土地等的工作量。④减少了农民用于灌水的费用和投入的劳动力，增加了农民收入。⑤加快实现农业机械化、产业化、现代化。⑥避免由于过量灌溉造成的土壤次生盐碱化。

4. **微喷**

微喷（微水灌溉的简称，又称雾滴喷灌）是利用微灌系统设备按照作物需水要求，通过低压管道系统与安装在尾部（末级管道上）的特制灌水器（滴头、微喷头等），将作物生长所需的水和养分以较小的流量均匀、准确地直接输送到作物根部附近的土壤表面或土层中，使作物根部的土壤经常保持在最佳水、肥、气状态，以满足作物生长发育之需要的灌水方法。微灌的特点是灌水流量小，一次灌水延续时间长，周期短，需要的工作压力较低，能够较精确地控制灌水量。微喷是利用折射式、旋转式或辐射式微型喷头将水喷洒到作物枝叶等区域的灌水形式。微喷的工作压力低，流量小，既可以增加土壤水分，又能提高空气湿度，起到调节局部小气候的功效，应用十分广泛。另外，还可以借助部分微喷头的超强雾化功能，用于扦插育苗、饲养场降温等场所。微喷是新发展起来的一种喷灌形式，微喷又分为吊挂微喷、地插微喷。特别适合农业温室大棚内投入使用，它比一般喷灌更省水，能够更均匀地将水喷洒于作物上。微喷是通过 PE 塑料管道输水，通过微喷头喷洒进行局部灌溉的。更可以扩充成自动控制系统，同时结合施用化肥，提高肥效。

5. 滴灌

滴灌是利用塑料管道将水通过直径约 16 mm 毛管上的孔口或滴头送到作物根部进行局部灌溉。滴灌是目前干旱缺水地区最有效的一种节水灌溉方式，其水的利用率可达 95%。滴灌较喷灌具有更高的节水增产效果，同时可以结合施肥，提高肥效 1 倍以上。可运用于果树、蔬菜、经济作物以及温室大棚灌溉，在干旱缺水的地方也可用于大田作物灌溉。其不足之处是滴头易结垢和堵塞。因此，应对水源进行严格的过滤处理。按管道的固定程度来划分，滴灌系统可分为固定式滴灌系统（分地面固定滴灌、地下固定滴灌）、半固定式滴灌系统、移动式滴灌系统 3 种类型。固定式滴灌系统是指全部管网安装好后是固定的，优点是操作简便、省工、省时，灌水效果好，适用于果树、葡萄、瓜果、蔬菜等作物。半固定式滴灌系统的干管、支管是固定的，只有田间的毛管是移动的，一条毛管可控制数行作物，灌水时，灌完一行后再移至另一行进行灌溉，依次移动可灌数行，适用于宽行蔬菜与瓜果等作物。移动式滴灌系统的干管、支管、毛管均由人工移动，设备简单，较半固定式滴灌节省投资，但用工较多。从控制方式来看，滴灌分手动控制、全自动控制、半自动控制。结合中国劳动力多、资金缺乏的具体情况而研究开发的半固定式滴灌系统、移动式滴灌系统，大大降低了工程造价，为滴灌在大田作物和经济欠发达地区推广应用创造了条件。

6. 膜上灌溉

膜上灌溉是指用地膜覆盖田间的垄沟底部，引入的灌溉水从地膜上面流过，并通过膜上小孔渗入作物根部附近的土壤中进行灌溉的方法。采用膜上灌溉，深层渗漏和蒸发损失少，节水显著，在地膜栽培的基础上不需再增加材料费用，并能起到对土壤增温和保墒作用。

7. 膜下滴灌

膜下滴灌是指将滴灌管放在膜下，或利用毛管通过膜上小孔进行灌溉。膜下滴灌既具有滴灌的优点（提高水的利用率），又具有地膜覆盖的优点（提高积温），尤其适合在北方干旱地区应用，节水增产效果更好。

8. 控制灌溉

控制灌溉（又称调亏灌溉）是指在水稻秧苗本田移栽后的各个生育期，田间基本不再长时间建立灌溉水层，不以水层深度为灌溉指标，而是以根层土壤含水量及土壤表相，确立灌水时间、灌水次数、灌水定额的一种灌溉新技术。根据水稻不同生育期对水分的不同需求进行“薄（薄水插秧）、浅（浅水育秧）、湿（分蘖前期湿润）、晒（分蘖后期晒田）”的控制灌溉，既节约用水，又有利于农作物生长，改变了以往水稻大水漫灌、串灌的旧习惯。

9. 坐水种

坐水种（又称抗旱点种）是指在一些水源短缺的地方，为了解决春播时由于春旱的影响而导致出不了苗或出苗不齐的问题，采用机械或畜力拉水，在埯中（播种的土坑）先注水后播种，使作物种子恰好坐落在灌溉水湿润过的土上，然后覆土的耕作栽培模式。

10. 土地平整改造

土地平整改造是指在作物播种或移栽前，通过平整土地，改进灌水沟畦规格（大畦改小畦、长沟改短沟等），以使表土保持符合农业要求状态，达到灌水均匀、节水的目的。

11. 科学灌溉

根据作物需水要求，适时适量地灌水，用先进的科学技术手段对土壤墒情和灌区输配水系统的水情进行监测、数据采集和计算机处理，可以科学有效地控制土壤水分含量，进行合理调度，做到计划用水、优化配水，以达到既节水又增产的目的。同时，要重视和加强节水管理，改变目前农业用水水价过低、不利于节水的状况，实行按成本收费、超计划用水加价等政策。要建立健全节水管理组织和技术推广服务体系，完善节水管理规章制度。

五、农产品储藏保鲜加工技术

（一）农产品储藏保鲜技术

随着农产品市场化进程加快，传统储藏保鲜技术显然不能满足大规模生产、远距离流通以及人们对农产品储藏保鲜质量要求不断提高的需要，在原有的农产品储藏保鲜技术基础上，又出现了许多现代化农产品储藏保鲜新技术，如低温冷藏、气调储藏、减压储藏、辐射保藏、电场处理保鲜、化学保鲜、留树保鲜等。

（1）低温冷藏。低温冷藏是利用制冷机组和保温隔热性能良好的冷库，保持恒定的低温来进行储藏保鲜的方法。这种技术需要有一套制冷机组，有良好隔热性能的库房建筑结构。其造价高、耗能，但为永久性建筑结构，保鲜效果好，通风方便，周年利用率高。

（2）气调储藏。气调储藏是改变储藏环境中气体成分的储藏方法，即通常采用降低氧气浓度和提高二氧化碳浓度来抑制所储藏产品的呼吸强度，减少产品体内物质消耗，从而达到延缓农产品衰老的目的，延长储藏期，使其更持久地保持新鲜和处于可食用状态。

（3）减压储藏。减压储藏又叫低压储藏、真空储藏，是气调冷藏的进一步发展。减压储藏就是将储藏产品放在一个坚固的密闭容器内，用真空泵抽气降低压力的一种储藏方法。根据果蔬特性和储藏温度，储藏压力可以降低至 1/10 个标准大气压甚至更低。新鲜空气经过压力调节器和加湿器不断引入储藏容器，每小时更换 1～4 次，并一直保持稳定低压，用以除去各种有害气体。这种减压条件下产品的储藏期比常规冷藏延长 1 倍。

（4）辐射保鲜。辐射保鲜是利用电离辐射辐照各种食品进行灭菌、杀虫和抑制某些生理活动来延长谷物、豆类、干鲜果品、蔬菜、肉类以及水产品等的储藏方法。由于食品辐射加工过程中无须对食品进行加热，所以又称为冷巴斯德杀菌法。常用的辐射源为钴 60 和铯 137，根据需处理农产品种类和目的不同，所采用的照射剂量也不相同。经过辐射处理后的鲜活果蔬会产生一些不良现象，如表面发黄、组织软化、产生异味等，还会造成部分营养成分的损失，因此，在使用辐射处理时，要根据处理目的合理采用辐射剂量，也可以用二氧化碳、微波、涂蜡等处理．以减轻辐射的不良影响。

（5）电场处理。分为高压静电场处理和负离子与臭氧处理。高压静电场处理是采用非均匀的电晕电场形式，即在保鲜食品的上方架设金属导线，与接地极之间形成一定强度的电晕电场。供电电压在 50～200 千伏，根据保鲜产品的不同，进行间歇或连续的电场处理。其作用是延缓生物产品的新陈代谢、降低生物产品的呼吸强度、降低生物食品内酶的活性，从而起到保鲜作用。负离子处理是在负高压静电发生装置架上放电极使空气电离，产生高浓度的负离子雾。负离子直接作用于生物产品降低呼吸强度，减弱酶活性，延缓新陈代谢速率；净化储藏环境中的空气，起到静电除尘、净化空气的作用，减少传播微生物的载体。臭氧处理，当高压静电场的针板电极周围电场强度增大，引起空气电离，产生臭氧和臭氧负离子，臭氧是一种氧化性和活性都非常强的气体，又是一种良好的消毒剂和杀菌剂，瞬间杀灭细菌可以达到 99%，并可在一定时间内自行还原分解，无任何残留物，是被公认的 21 世纪环保型消毒方法。臭氧对果蔬的保鲜作用：一是具有强烈的杀菌消毒作用，防止腐烂；二是抑制呼吸强度，减少养分消耗；三是消除乙烯、乙醇等有害气体，促进果蔬伤口愈合。

（6）化学保鲜。化学保鲜具有防腐和杀菌功能，在果蔬储藏和袋装食品的保鲜中应用广泛，一般由杀菌剂、激素、无机盐类、蜡和高分子化合物多种成分复合而成，具有降低新鲜果品呼吸、延缓后熟、防腐杀菌、防止水分散失等综合作用。保鲜剂的种类和用途较多，配制成分也根据商品目的不同而异，安全、高效、无污染、防腐保鲜产品，一般为专利性技术。

（7）留树保鲜。留树保鲜又称延长采收，是指果实留在树上保鲜，以延期采收的储藏方法。我国在 20 世纪 70 年代开始试验，在甜橙、红橘上取得成功，如今已在龙眼、苹果、梨、葡萄、桃、柚、脐橙、锦橙、血橙等果树上推广应用。留树保鲜与普通储藏相比，保鲜时间长，腐果率低，果实色泽、性状、水分和可溶性固形物、维生素C、糖、酸含量等指标均优于室内储藏。延长了水果的供应期，缓解了销售压力，经济效益显著高于其他储藏保鲜办法。

（二）农产品加工技术

传统的农产品加工是在手工操作的基础上，凭经验积累而进行的。随着市场经济发展起来的大规模社会化生产，农产品加工技术是需要运用物理学、化学、营养学、卫生学、生物学等知识以及新的技术革命成果来改进农产品加工工艺，因此，近年来出现了很多新的农产品加工技术。如膜分离技术、微胶囊技术、超临界萃取技术、超高压技术、真空浓缩技术、冷冻干燥技术、挤压技术、脉冲电场杀菌技术、辐射杀菌技术等，并已在农产品加工领域中得到广泛应用。

（1）膜分离技术。膜分离技术是用半透膜作为选择障碍层，允许某些组分透过而保留混合物中其他组分，从而达到分离目的的技术。膜分离技术具有处理效率高，设备易于放大；可在室温或低温下操作，适宜于热敏感物质分离浓缩；提取过程不需要有机溶剂的参与，无相转变，可避免二次污染和额外的纯化过程，节能环保；选择性强，可在分离、浓缩的同时达到部分纯化的目的等优点，因此，主要用于生物产品分离、提纯与纯化过程。

（2）微胶囊技术。微胶囊技术是用可以形成微胶囊或膜的物质对核心体（芯材）进行包埋和固化的技术。胶囊化的微粒，由于内核外部都有保护层，可避免光、热、氧等环境因素的影响，比较稳定，可以延长储存期，并方便应用。

（3）超临界萃取技术。超临界萃取，又叫气相提取，是以超临界状态下的物质为溶剂，利用该状态下物质所具有的高渗透能力和高溶解能力萃取分离混合物的技术。超临界萃取所得到的分离产物与天然原料完全相同，故它是一项潜力很大的新技术。目前，主要应用的食品工业领域有植物精油及香味成分提取，天然香辛料、食用色素的提取，功能性油脂的提取，有害物质的分离和去除，多不饱和脂肪酸，磷脂的提取，糖及苷类的提取，生化制品的分离提取，植物中功能成分的提取等。不仅如此，该技术已在一些国外工业生产中大量使用，如德国用它提取咖啡中的咖啡因，澳大利亚用它提取酒花中的有效成分等。

（4）超高压技术。食品超高压加工技术简称超高压技术，是将食品物料或生物材料以柔性材料包装后，放入液体介质（通常为食用油、甘油、油与水的乳液）中，使用100兆帕以上的压力，在常温或较低温度下处理一定时间，使食品达到杀菌、灭酶及组织改性的目的的新型食品加工方法。一般情况液体或气体压力在0.1～1.6兆帕称为低压，1.6～10兆帕称为中压，10～100兆帕称为高压，100兆帕以上称为超高压。

（5）真空浓缩技术。真空浓缩技术是在真空条件对液体进行蒸发浓缩的一种方法。它包含一个蒸汽加热的带有冷凝器和空气泵的双底真空釜。其优点是液体物质在沸腾状态下溶剂的蒸发很快，其沸点因压力而变化，压力增大，沸点升高；压力变小，沸点降低。由于在较低温度下蒸发，同时，由于物料不受高温影响. 避免了热不稳定成分的破坏和损失，更好地保存了原料的营养成分和香气。特别是某些氨基酸、黄酮类、酚、脂类维生素等物质，可防止受热而破坏。而一些糖类、蛋白质、果胶、黏液质等黏性较大的物料，低温蒸发可防止物料焦化。在食品浓缩设备中，尚有多效薄膜式浓缩设备、刮板式薄膜蒸发器、板式蒸发器、离心式薄膜蒸发器等，后三者适合于高黏度或含悬浮颗粒的果蔬汁的浓缩。

(6) 冷冻干燥技术。冷冻干燥是目前应用很广的低温技术。它是将食物中的水分冻结（低温：－100～－60℃）成冰后，在真空（高真空 6.67～40 帕）下使冰直接汽化的干燥方法。其优点在于产品保持了食品原有的物理、化学、生物学性质以及感官性质，复水性好，可长期保存，且能完整地保存食品中的热敏性功能成分的生理活性。该加工方法的成本较高。

(7) 挤压技术。挤压技术是利用螺杆的旋转即推进作用，使原料在机械剪切力的作用下，完成输运、混合、搅拌、流变、蒸煮成型的连续化过程后而生产新型食品的加工技术。主要特点是通用性强、生产效率高、成本低、产品形式多样、产品质量高、能效高、新型结构的产品无污染等。主要应用于早餐谷物、膨化食品、饼干、面包片、高蛋白食品、婴儿食品、糖果、果酱、变性淀粉、方便食品等。

(8) 脉冲电场杀菌技术。脉冲电场杀菌技术是将食品置于两个电极间产生的瞬间高压电场中，由于高压电脉冲能破坏细菌的细胞膜，改变其通透性，从而杀死细菌。高压电场脉冲灭菌一般在常温下进行，处理时间为几十毫秒，这种方法有两个特点：一是灭菌时间短，处理过程中的能量消耗远小于热处理。二是由于在常温、常压下进行，处理后的食品与新鲜食品相比在物理性质、化学性质、营养成分上改变很小，风味、滋味无感觉出来的差异。而且灭菌效果明显，可达到商业无菌要求，特别适用于热敏性食品，具有广阔的应用前景。

(9) 辐射杀菌技术。辐射杀菌（也称辐照灭菌）是利用电磁辐射产生的电磁波杀死微生物的一种有效方法。用于灭菌的电磁波有微波、紫外线、x 射线、γ 射线等。它们都能通过特定的方式控制微生物生长或杀死微生物。

六、农业物联网技术

（一）农业物联网的概念

农业物联网，是在大棚或大田、果树等控制系统中，运用物联网系统的温度传感器、湿度传感器、酸碱性传感器、光传感器、二氧化碳传感器等设备，检测环境中的温度、相对湿度、酸碱度、光照强度、土壤养分、二氧化碳浓度等物理参数，通过各种仪器仪表实时显示或作为自动控制的参变量参与到自动控制中，保证农作物管理精准化，从而有一个良好的、适宜的生长环境的新技术。

（二）农业物联网的意义

农业物联网一般是使用大量的传感器节点构成监控网络，通过各种传感器采集信息，以帮助农民及时发现问题，并且准确地确定发生问题的位置，这样农业将逐渐地从以人力为中心、依赖于孤立机械的生产模式转向以信息和软件为中心的生产模式，从而大量使用各种自动化、智能化、远程控制的生产设备。

通过农业物联网远程控制技术，可以使技术人员在办公室就能对多个大棚的环境进行监测控制。

采用农业物联网无线网络技术测量获得作物生长的最佳条件，可以为温室精准调控提供科学依据，达到增产、改善品质、调节生长周期、提高经济效益的目的。

（三）农业物联网的应用范围

物联网技术在现代农业领域的应用很多，如农业生产环境信息的监测与调控，农产品质量的安全溯源，动、植物的远程诊断，农业信息化，农业大棚标准化生产监控，农业自动化节水灌溉等。

1. 农业生产环境信息监测与调控

农业大棚、养殖池及养殖场内设置了温度、湿度、pH 值、

CO_2浓度等无线传感器及其他智能控制系统，这些系统利用无线传感器网络实时监测温度、湿度等变化来获得作物、动物生长的最佳条件，为大棚、养殖场精确调控参数提供科学依据。同时，这些参数通过移动通信网络或互联网被传输至监控中心，形成数据图，农业人员可随时通过手机或电脑获得生产环境的各项参数，并根据参数变化，适时调控灌溉系统、保温系统等基础设施，从而获得动植物生长的最佳条件；参数实时在线显示，真正实现“在家也能种田和养殖”的目标。

2. 农产品质量安全溯源

农产品质量安全事关人民健康和生命安全，事关经济发展和社会稳定，农产品的质量安全和溯源已成为农产品生产中一个广受关注的热点。农业生产应用物联网技术可加强对农产品整个生产流程的监管，将食品安全隐患降至最低，为食品安全保驾护航。

目前，国内已出现“食品安全溯源系统”，该系统集成应用电子标签、条码技术、传感器网络、移动通信网络和计算机网络等技术，实现农产品质量跟踪和溯源，它主要由企业管理信息系统、农产品质量安全溯源平台和超市终端查询系统等功能块组成。消费者可通过电子触摸查询屏和带条码识别系统的手机查询农产品生产者或与质量安全相关的信息，也可上网查询了解更详细的农产品质量安全信息，从而实现农产品从生产、加工、运输、储存到销售等整个供应链的全过程质量追溯，最终形成“生产有记录、流向可追踪、信息可查询、质量可追溯”的农产品质量监督管理体系。

3. 农业信息化

农业生产智能管理系统在各个农作物领域应用传感器，比如土壤水肥含量传感器、动物养殖芯片、农产品质量追溯标签、农村社区动态监控等，自动采集数据，为生产者的科学预测和管理提供依据。

4. 动、植物远程诊断

农村偏远山区普遍存在种养殖分散、作物病虫害及畜禽病害发生频繁、基层植保及畜牧专家队伍少、现场诊治不方便等问题，而物联网技术的出现可解决上述难题。

大唐电信推出了针对农业种植、养殖生产过程监控和灾害防治专项应用的无线视频监控产品——农业远程诊断系统。该系统由前端设备、4G/5G无线通信传输网络、专家诊断平台和农业专家团队构成。前端设备支持多种传感器接口，同时支持音频、视频流功能，可以有效地为农业专家提供第一手的现场专业数据；此外，农业专家还可通过PC终端登录该系统，实现远程控制灌溉等操作，这为农村、农业领域缺乏专家的现状提供了解决思路。该系统已在山东寿光农业基地得到良好应用。

5. 农产品储运

在农产品的储运过程中，储运环境（温度、湿度等）与农产品的品质变化密切相关。研究表明：我国水果、蔬菜等农副产品在采摘、运输、储存等物流环节上的损失率为25％～30％，而发达国家的果、蔬损失率则在5％以下。如果能实时监测储运过程中的环境条件，农产品品质就能得到保证，经济损失也会减少。物联网技术可应用于各个分散的传感器，以实时监测环境中的温度、湿度等参数，并动态监测仓库或保鲜库的环境；在农产品运输阶段可根据位置信息查询和通过视频监控运输车辆等方式及时了解车厢内外的情况，调整车厢内的温湿度，同时还可以对车辆进行防盗处理，一旦车辆出现异常则可自动报警。

6. 农业自动化节水灌溉

利用传感器感应土壤的水分并控制灌溉系统以实现自动节水节能，具有高效、低能耗、低投入、多功能的农业节水灌溉平台。农业灌溉是我国用水较多的领域，其用水量约占全国总用水量的

70%。据统计，因干旱，我国粮食每年平均受灾面积达两千万公顷（1公顷=1000平方米），损失的粮食占全国因灾减产粮食的50%。长期以来，由于技术、管理水平落后，灌溉用水的浪费十分严重，农业灌溉用水的利用率仅为40%。如果农业生产应用先进技术，可通过监测土壤墒情信息实时控制灌溉时机和水量，用水效率便可以有效提高。但人工定时测量墒情，不但人力耗费巨大，也做不到实时监控；采用有线测控系统，则需要较高的布线成本，不便于扩展，而且给农田耕作带来不便。因此，一种基于无线传感器网络的节水灌溉控制系统便出现了，该系统主要由低功耗无线传感网络节点通过Zig Bee自组网方式构成，避免了有线测控系统布线的不便、灵活性较差的缺点，从而实现了土壤墒情的连续在线监测。农田节水灌溉的自动化控制既可提高灌溉用水利用率，缓解我国水资源日趋紧张的矛盾，也可为作物生长提供良好的环境。

第七章

发展农业经营管理能力

第一节　农产品营销管理

一、农产品市场营销的概念与特点

（一）农产品市场营销的概念

一般来说，农产品市场是由消费者、购买欲望和购买力组成的。农产品市场营销的任务就是通过一定方法或措施激起消费者的购买欲望，在消费者购买范围内满足其对农产品的需求。

农产品经营者的市场营销就是为了实现农产品经营者的目标，创造、建立、保持与目标市场之间的互利交换和关系，而对农产品经营者的设计方案的分析、计划、执行和控制。

农产品市场营销，就是在变化的市场环境中，农产品经营者以满足消费者需要为中心进行的一系列营销活动，包括市场调研、选择目标市场、产品开发、产品定价、产品促销、产品存储和运输、产品销售、提供服务等一系列与市场有关的经营活动。

（二）农产品市场营销的特点

农产品营销的特点和其他产品营销有很多相似性，但因其生产特点、产品特性和消费特点不同，又有与众不同的营销特点。

1. 农产品的生物性、鲜活性

农产品大多是生物性产品，如大米、面粉、蔬菜、瓜果、蛋禽、牛奶、花卉等，具有鲜活性、易腐性，并容易失去其鲜活性。如花卉、鱼、鲜牛奶等，存放时间很短。农产品一旦失去鲜活性，价值就大打折扣。

2. 消费需求的普遍性、大量性和连续性

人们对农产品的消费需求是生存的最基础的需求，农产品的

基础性决定了其在需求上具有普遍性，它在满足人们生活基本需求、美化人们的生活等方面发挥着不可替代的作用。而且，数量巨大的人口，决定了对农产品需求的大量性。

另外，由于农产品是人们日常生活所必需的，虽然其生产具有季节性，但农产品的消费却是均衡的，无论是人们的日常消费，还是作为工业生产的原料，是常年和连续的。

3. 农产品品种繁多且可替代性强

一方面，农产品种类规格繁多，无以计数；另一方面，由于农产品的基本功能相似，所含的基本成分类似和基本用途相同，从而造成了农产品之间具有很强的替代性，这些都决定了农产品贸易的复杂性和难度。比如，白菜价格高涨，萝卜的需求就会增加。因此，农产品的生产、保存、技术非常复杂，难度很大。可以说，农产品是技术、资金、劳动力集约化程度很高的产业。

4. 农产品产销矛盾突出、价格波动大

农产品的生产有着较强的季节性与地域性，在产地的生产季节，农产品的上市量非常大，时间也很集中。例如，水果的收获旺季大多在每年的秋季，此时上市的果品特别多，梨、柑橘、苹果等大量水果都集中在此时上市，导致价格下降。又如，柑橘一般只能在南方生产、苹果多在北方生产，所以北方市场的苹果价格低，而柑橘价格高；南方市场的情况则相反。由于生产的季节性、地域性等原因，导致农产品的价格波动比较大。在供过于求的集中上市季节，产品价格会很低；而在供不应不足的淡季，产品的价格会非常高。

5. 农产品的质量受产地因素影响较大

农产品在长期的自然进化过程中形成了与当地自然环境条件相适应的生态习性，因此农产品的质量在很大程度上受产地的自然环境因素的影响。同一品种的农产品在不同地方栽培有不同的产品质量。例如，新疆栽培的哈密瓜可能比在其他地方栽培的哈密瓜要甜得多。

6．农产品的储藏、运输难

部分农产品属于鲜活产品，容易腐烂，不易于储藏和运输，而且有些农产品单位体积较大而价格相对较低，其运输费用相对较高。因此，一方面，要采取各种灵活有效的促销手段，制定合理的销售价格，力争就地多销快销，减少产品损耗；另一方面，要加强产品的产品化处理，采用先进技术，进行农产品的保鲜和储藏，降低产品储藏腐烂率，并选择灵活的流通方式，保持畅通的运输渠道，利用便捷的交通工具和运输路线，尽量减少运输损失，以取得较好的经济效益，达到农产品经营者营销的目标。

7．农产品的价值低、利润低

农产品的体积较大、单位体积的价值低，运输、贮藏成本高等。比如：一袋25千克的面粉售价仅几十元，从小麦收购开始，需要经过粮商收购，运输到面粉加工厂、面粉加工厂加工后，送到超市门店，就需要两次长距离的运输及多次搬运，其运输及搬运的成本就得达到10％以上。经营面粉的利润非常低。

8．大宗农产品的营销相对稳定小宗农产品的营销变化无常

需求量巨大的农产品市场需求及供应量相对稳定，市场变化比较平稳。而小宗农产品的需求变化巨大而供应量相对变化也较大，两者变化重叠或反向导致价格剧烈变化。市场上经常出现的“蒜你很、姜你军”就是典型的例子。

二、农产品营销渠道类型

1．农产品批发市场销售

农产品批发市场销售是指通过建立影响力大、辐射能力强的农产品专业批发市场来集中销售农产品。

优点：是销售集中和销量大，能够实现快速集中运输、妥善储藏，加工及保鲜。

缺点：①农民经纪人在从事购销经营活动中，一手压低收购价，一手抬高销售价。不仅农民利益受损，而且往往造成当地市场价格信号失真，管理混乱；②专业市场信息传递途径落后、对市场信息分析处理能力差；③市场配套服务设施不健全。

2. 销售公司销售

即通过区域性农产品销售公司，先从农户手中收购产品，然后外销。农户和公司之间的关系可以由契约界定，也可以是单纯的买卖关系。

优点：可以有效缓解“小农户”与“大市场”之间的矛盾。

缺点：①风险高，特别是就通过契约和合同来确立农户与公司关系的模式而言，由于组织结构相对复杂和契约约束性弱等原因，使得这种模式具有较大风险。②销售公司和农户之间缺乏有效的法律规范。

3. 合作组织销售

即通过综合性或区域性的社区合作组织如流通联合体、贩运合作社专业协会等合作组织销售农产品。购销合作组织和农民是利益共沾，风险共担的关系。

优点：既有利于解决“小生产”和“大市场”的矛盾，又有利于减小风险；购销组织也能够把分散的农产品集中起来，为农产品的再加工和增值提供可能。

缺点：合作组织普遍缺乏作为市场主体的有效法律身份，不利于解决销售过程中出现的法律纠纷；合作组织普遍缺乏资金，因而普遍缺乏开拓市场的能力；农民参加合作组织的自愿、自主意识不强，并且其本身的运行缺乏动力，决策风险较高。

4. 贩运大户销售

优点：稳定性好，由于销售大户的收益直接取决于其销量，因而“大户”具有很高的积极性，他们会想尽各种办法，如定点销售与零售商分成等方式来稳定销量。

缺点：贩运大户大多是农民，对市场经济知识缺乏深入了解，销售能力有限，而且他们本人又承担巨大风险，比如对于进行农产品外运的大户来说，会遇到诸多困难，像天气、运输、行情等。

5. 农户直接销售

农产品生产农户通过自家人力、物力把农产品销往周边或其他各地区。

优点：销售灵活；农民的获利大，农户自行销售避免了经纪人、中间商、零售商的盘剥，能使农民获得实实在在的利益。

缺点：销量小，即使是农业生产大户，主要依靠自己的力量销售农产品，毕竟很有限，而且难以形成规模效应；一些农民法律意识、卫生意识淡薄，容易受到城市社区的排斥。

6. 农业企业销售

即农业企业将自己生产的农产品，或加工过的农产品销售给中间商或直接销售给消费者。

优点：一旦有了知名品牌后，企业就可以获得超过产品本身的超额价值。

缺点：一个品牌的创建初期需要投入大量的人力、物力和财力，这也许是很多小的农业企业所不能承受的。

三、农产品网络营销

农产品网络营销是指利用网络，发布农产品的销售信息，进而寻找到需要的客户，然后通过物流系统把农产品送到客户手中的全过程。

（一）农产品网络营销的意义

农产品的网络营销主要有以下几点重要的意义。

第一，供需双方直接交易，从而避开了中间商，节约了交易费用，降低了交易成本，既可以提高供方的收入，也可以帮助消费者省钱。

第二，网络营销使农产品的交易跨越空间的限制，一个地方的农产品，原来大多只在周边购买，通过网络可以很轻易辐射到全国，甚至全世界，只要有需求，就可以有交易。

第三，网络营销的成本低，信息传播速度快，可以将各种营销信息通过互联网的连接，实现在不同层次、不同地域、不同文化背景等多样性的人群中传输。

第四，网络营销对农产品企业的团队组织能力要求不高，有2～3个人，甚至1～2个人，会上网，就能做网络营销。这也是目前大多数农村合作社最优的营销方法。因为合作社有好的农产品，但是没有好的销售团队，更别谈营销策划什么的，所以，用网络营销是最适合合作社这种农民组织形式的。

（二）农产品网络营销的模式

1. 企业自建网站型

这类企业一般有较全的产业链和产业结构，最主要的是有较强的组织能力，就是说，企业里有网络营销人才，或者老板有网络营销意识。企业自建网站，有B2B类型的，例如，徐州黎明食品有限公司是一家集农产品收购、加工、储存、出口于一体的企业，其所在地邳州市宿羊山镇经济开发区及辐射周围地区种植大蒜面积达150多万亩，是大蒜收购和销售的集散地。公司积极依托黎明食品网站，建立信息中心管理网站、发布信息。实现网上定购产品，连通国内外市场。企业通过整合信息渠道，提高了国际市场准入竞争力。也有B2C类型的，例如沱沱工社、多利农庄等生鲜电商都是这样的类型，这些企业自己有生产基地，同时经销其他企业或者农村合作社生产的农产品，有的是纯粹农产品流通企业开展的B2C网站，自己没有生产基地。

2. 建设政府农业网站开展B2G2C服务

省、市、县各级政府以当地农业部门为主体建立农业网站，开展B2G2C服务。该模式为省、市县等政府部门为主导，以当地农业部门为主体，建立一个农业网站，帮助中小型农业企业做网络营销，虽然运营这个网站的可能是一个民营企业，但是这类网站不是盈利性质的，大多由政府承担费用，纯属对于农业企业的公共服务项目。

3. 基于第三方交易平台的B2B或者B2C农产品营销模式

这里主要谈的是专门服务于农产品的第三方交易平台。例如宜鲜网（www. ifreshonline. cn）致力成为中国最大的第三方农产品直销网络平台，为涉农企业、组织、经纪人提供全国最新最全的水果、蔬菜、粮油、猪肉、家禽、花卉、水产、南北干货等农产品的求购与供应商机，以最快速度最精准的匹配为买卖双方搭建信息互通平台。

本质上，每种信息的传递方法都是一种营销渠道，或者营销方法。而随着移动互联的崛起，移动互联里也存在各种各样的网络营销方式，例如微信、微博、快手APP、抖音APP等。

第二节　农产品质量安全

一、农产品质量安全的定义与标准

（一）农产品质量安全的定义

为了保障农产品质量安全，维护公众健康，促进农业和农村经济发展，于 2006 年 4 月 29 日第十届全国人民代表大会常务委员会第二十一次会议通过，中华人民共和国主席令（第四十九号）公布《中华人民共和国农产品质量安全法》，历经 2018 年修正，2022 年修订，共八章节八十一条。

根据 2022 年修订的《中华人民共和国农产品质量安全法》第二条第二款规定，农产品质量安全是指农产品质量达到农产品质量安全标准，符合保障人的健康、安全的要求。

（二）农产品质量安全标准

农产品质量安全标准是强制执行的标准，包括以下与农产品质量安全有关的要求：

（1）农业投入品质量要求、使用范围、用法、用量、安全间隔期和休药期规定。

（2）农产品产地环境、生产过程管控、储存、运输要求。

（3）农产品关键成分指标等要求。

（4）与屠宰畜禽有关的检验规程。

（5）其他与农产品质量安全有关的强制性要求。

二、农产品质量安全管理

（一）农产品质量安全管理的原则

1. 源头治理原则

农产品质量安全是在生产过程中产生的，因此，农产品质量安全管理应打破长期以来“反弹琵琶”的工作方法，强调从源头入手，加强污染源控制：一是加强动植物病虫害防治造成的污染管理，攻克化学性农药、兽药残留等关键性源头污染；二是加强农产品产地环境污染管理，重点是对产地铅、砷、镉等本地污染以及灌溉用水、“三废”污染的重点防范；三是加强农业投入品污染管理，重点是对违禁药物使用和农业投入品不科学、不合理使用的防范。

2. **市场准入原则**

不合格、不安全农产品只有做到不准上市销售，农产品质量安全管理的各项措施才能真正落到实处。因此，在农产品质量安全管理过程中，各级农业农村主管部门应积极推行认证合格、检测合格后方可上市销售的做法。农产品批发市场应当建立健全农产品承诺达标合格证查验等制度。鼓励和支持农户销售农产品时开具承诺达标合格证。农产品批发市场应当按照规定设立或者委托检测机构，对进场销售的农产品质量安全状况进行抽查检测；发现不符合农产品质量安全标准的，应当要求销售者立即停止销售，并向所在地市场监督管理、农业农村等部门报告。农产品销售企业对其销售的农产品，应当建立健全进货检查验收制度；经查验不符合农产品质量安全标准的，不得销售。

3. **标准化生产原则**

按照国际惯例，不但终端产品要安全，而且必须保证过程要规范，风险和隐患必须消灭在生产过程之中，这是农产品质量安全管理最根本性的保障措施。为此，在农产品质量安全管理过程中，必须坚持：以统一规范的技术文本为依据，以示范基地建设为载体，以达标合格农产品生产技术培训为手段，以提高生产者质量安全意识和生产保证能力为落脚点，狠抓过程控制，通过提高农业的标准化生产水平，使农产品的质量安全达到确保人民身心健康的要求。

4. **产销对接原则**

产销对接原则就是通过农产品生产者与农产品批发市场两端建立自律机制，明确双方的责任和义务，并通过合同契约形式将农产品生产者与销售者的责任、义务明晰化、具体化、法制化，实现从地头到餐桌的全程控制，确保农产品生产、销售环节不出任何质量安全问题，敦促生产者与销售者安全生产、规范经营，行为自律，以保证上市销售农产品的质量安全水平。

（二）农产品质量安全管理的措施

1. 加强生产过程监管，净化农产品产地环境

要分期分批创建一批农产品生产基地，要加强农产品产地管理，改善农产品生产条件，禁止违反法律、法规向农产品产地排放或者倾倒废水、废气、固体废物或者其他有毒有害物质，禁止在有毒有害物质超过规定标准的区域生产、捕捞、采集农产品和建立农产品生产基地。严格农业投入品管理，定期向社会公布禁用、限用及推荐的农业投入品品种目录，严格执行农药、兽药、饲料添加剂等农业投入品禁用和限用目录，确保在农业生产中使用的农业投入品安全可靠。

2. 推行农业标准化生产，严格执行农产品包装、标示规定

加快培育农业产业化龙头企业，扶持一批农业产业化龙头企业牵头、家庭农场和农民合作社跟进、广大小农户参与的农业产业化联合体，带动大规模标准化生产，严格执行农业投入品使用安全间隔期或休药期的规定，禁止使用国家明令禁止的农业投入品。农产品生产企业、农民专业合作社、农业社会化服务组织要建立完善农产品生产记录，如实记载生产中使用农业投入品的情况、动物疫病和植物病虫草害的发生和防治情况以及农产品收获、屠宰、捕捞的日期等情况。要根据不同农产品的特点，逐步推行产品分级包装上市和产地标识制度。

3. 完善农产品市场准入制度，加大主体问责处罚力度

国务院农业农村主管部门应当会同国务院市场监督管理等部门建立农产品质量安全追溯协作机制。国家鼓励具备信息化条件的农产品生产经营者采用现代信息技术手段采集、留存生产记录、

购销记录等生产经营信息。全面推动承诺达标合格证制度试行工作，逐步建立完善以承诺达标合格证为载体的食用农产品产地准出、市场准入衔接机制，实现地产农产品从“田间到餐桌”全过程质量安全追溯。依据《中华人民共和国农产品质量安全法》，积极探索不合格农产品召回、理赔和退出市场流通的机制，对不符合质量安全标准的农产品不仅要责令经营主体停止生产与销售，而且还要进行无害化处理或监督销毁。

4. 重视“三品一标”认证，推动农产品保障体系建设

根据农产品质量安全监管需要，积极推动农产品标准体系、检验检测体系与认证体系建设。要按照国际标准，抓紧制定急需的农产品质量安全标准，及时清理、修订过时的农业国家标准、行业标准和地方标准。要推行农产品快速检测制度，倡导在农产品生产基地、批发市场、农贸市场开展农药残留、兽药残留等有毒有害物质残留检测，及时公布检测结果。要加强农产品质量安全认证体系建设，积极推行GAP（良好农业规范）、HACCP（危害分析与关键控制点）体系认证，积极开展全国农产品全程质量控制技术体系（CAQS－GAP）试点工作。按照新阶段农产品“三品一标”的新内涵、新要求，通过发展绿色、有机和地理标志农产品，推行承诺达标合格证制度，探索构建农产品质量安全治理新机制。

三、农产品质量安全认证

（一）绿色食品认证

2022年最新修订的《绿色食品标志管理办法》指出：中国绿色食品发展中心负责全国绿色食品标志使用申请的审查、颁证和颁证后跟踪检查工作。省级人民政府农业行政农村部门所属绿色食品工作机构（以下简称省级工作机构）负责本行政区域绿色食品标志使用申请的受理、初审和颁证后跟踪检查工作。

申请使用绿色食品标志的生产单位，应当具备下列条件：能够独立承担民事责任；具有绿色食品生产的环境条件和生产技术；具有完善的质量管理和质量保证体系；具有与生产规模相适应的生产技术人员和质量控制人员；具有稳定的生产基地；申请前三年内无质量安全事故和不良诚信记录。

申请认证产品条件：申请使用绿色食品标志的产品，应当符合《中华人民共和国食品安全法》和《中华人民共和国农产品质量安全法》等法律法规规定，在国家知识产权局商标局核定的范围内，并具备下列条件：产品或产品原料产地环境符合绿色食品产地环境质量标准；农药、肥料、饲料、兽药等投入品使用符合绿色食品投入品使用准则；产品质量符合绿色食品产品质量标准；包装贮运符合绿色食品包装贮运标准。。

绿色食品认证的程序：申请人提交申请和相关材料，经过文审、现场检查，同时安排环境质量现状调查和产品抽样，检查结果、环境检测和产品检测报告汇总后，合格者颁发证书。证书有效期是 3 年。绿色食品认证程序如下：

（1）申请

申请人应当向省级工作机构提出申请，并提交下列材料：标志使用申请书；产品生产技术规程和质量控制规范；预包装产品包装标签或其设计样张；中国绿色食品发展中心规定提交的其他证明材料。

（2）受理

省级工作机构应当自收到申请之日起 10 个工作日内完成材料审查。符合要求的，予以受理，并在产品及产品原料生产期内组织有资质的检查员完成现场检查；不符合要求的，不予受理，书面通知申请人并告知理由。

现场检查合格的，省级工作机构应当书面通知申请人，由申请人委托符合要求的检测机构对申请产品和相应的产地环境进行检测；现场检查不合格的，省级工作机构应当退回申请并书面告知理由。

（3）现场抽样

检测机构接受申请人委托后，应当及时安排现场抽样，并自产品样品抽样之日起 20 个工作日内、环境样品抽样之日起 30 个工作日内完成检测工作，出具产品质量检验报告和产地环境监测报告，提交省级工作机构和申请人。检测机构应当对检测结果负责。

（4）认证审核

省级工作机构应当自收到产品检验报告和产地环境监测报告之日起 20 个工作日内提出初审意见。初审合格的，将初审意见及相关材料报送中国绿色食品发展中心。初审不合格的，退回申请并书面告知理由。省级工作机构应当对初审结果负责。

中国绿色食品发展中心应当自收到省级工作机构报送的申请材料之日起 30 个工作日内完成书面审查，并在 20 个工作日内组织专家评审。必要时，应当进行现场核查。

（5）认证评审

中国绿色食品发展中心应当根据专家评审的意见，在五个工作日内做出是否颁证的决定。同意颁证的，与申请人签订绿色食品标志使用合同，颁发绿色食品标志使用证书，并公告；不同意颁证的，书面通知申请人并告知理由。

（6）颁证

绿色食品标志使用证书是申请人合法使用绿色食品标志的凭证，应当载明准许使用的产品名称、商标名称、获证单位及其信息编码、核准产量、产品编号、标志使用有效期、颁证机构等内容。绿色食品标志使用证书分中文、英文版本，具有同等效力。

绿色食品标志使用证书有效期3年。证书有效期满，需要继续使用绿色食品标志的，标志使用人应当在有效期满3个月前向省级工作机构书面提出续展申请。省级工作机构应当在40个工作日内组织完成相关检查、检测及材料审核。初审合格的，由中国绿色食品发展中心在10个工作日内做出是否准予续展的决定。准予续展的，与标志使用人续签绿色食品标志使用合同，颁发新的绿色食品标志使用证书并公告；不予续展的，书面通知标志使用人并告知理由。标志使用人逾期未提出续展申请，或者申请续展未获通过的，不得继续使用绿色食品标志。

（二）有机产品认证

国家质量监督检验检疫总局2022年修订的《有机产品认证管理办法》指出：有机产品认证是指认证机构依照本办法的规定，按照有机产品认证规则，对相关产品的生产、加工和销售活动符合中国有机产品国家标准进行的合格评定活动。国家市场监督管理总局负责全国有机产品认证的统一管理、监督和综合协调工作。地方市场监督管理部门负责所辖区域内有机产品认证活动的监督管理工作。国家推行统一的有机产品认证制度，实行统一的认证目录、统一的标准和认证实施规则、统一的认证标志。国家市场监督管理总局负责制定和调整有机产品认证目录、认证实施规则，并对外公布。

有机产品认证机构应当依法取得法人资格，并经国家市场监督管理总局批准后，方可从事批准范围内的有机产品认证活动。目前有机认证机构众多，生产者在选择有机产品认证机构时一定要注意核实，该认证机构是否经过中国国家认证认可监督管理委员会（CNCA）、中国合格评定国家认可委员会等权威部门认可，拥有正式批准号等。下面以农业农村部主管的中绿华夏有机食品认证中心（China Organic Food Certification Center，简称 COFCC）的认证流程为例，说明申请认证有机产品的工作程序。

1. 申请

（1）申请人登录 www.ofcc.org.cn 下载填写《有机产品认证申请书》和《有机产品认证调查表》，下载《有机产品认证书面资料清单》并按要求准备相关材料。

（2）申请人提交《有机产品认证申请书》《有机产品认证调查表》以及《有机产品认证书面资料清单》要求的文件，提出正式申请。

（3）申请人按《有机产品》国家标准第 4 部分的要求，建立本企业的质量管理体系、质量保证体系的技术措施和质量信息追踪及处理体系。

2. 文件审核

认证机构应当自收到认证委托人申请材料之日起 10 日内，完成材料审核，并做出是否受理的决定。审核合格后，认证中心根据项目特点，依据认证收费细则，估算认证费用，向企业寄发《受理通知书》、《有机产品认证检查合同》（简称《检查合同》）。若审核不合格，认证中心通知申请人且当年不再受理其申请。申请人确认《受理通知书》后，与认证中心签订《检查合同》。根据《检查合同》的要求，申请人交纳相关费用，以保证认证前期工作的正常开展。

3. 实地检查

企业寄回《检查合同》及缴纳相关费用后，认证中心派出有资质的检查员。检查员应从认证中心取得申请人相关资料，依据《有机产品认证实施规则》的要求，对申请人的质量管理体系、生产过程控制、追踪体系以及产地、生产、加工、仓储、运输、贸易等进行实地检查评估。必要时，检查员需对土壤、产品抽样，由申请人将样品送指定的质检机构检测。

4. 撰写检查报告

检查员完成检查后，在规定时间内，按认证中心要求编写检查报告，并提交给认证中心。

5. 综合审查评估意见

认证中心根据申请人提供的申请表、调查表等相关材料以及检查员的检查报告和样品检验报告等进行综合评审，评审报告提交颁证委员会。

6. 颁证决定

颁证委员会对申请人的基本情况调查表、检查员的检查报告和认证中心的评估意见等材料进行全面审查，做出同意颁证、有条件颁证、有机转换颁证或拒绝颁证的决定。证书有效期为 1 年。

当申请项目较为复杂（如养殖、渔业、加工等项目）时，或在一段时间内（如 6 个月），召开技术委员会工作会议，对相应项目做出认证决定。

（1）同意颁证。申请内容完全符合有机标准，颁发有机证书。

（2）有条件颁证。申请内容基本符合有机产品标准，但某些方面尚需改进，在申请人书面承诺按要求进行改进以后，亦可颁发有机证书。

（3）有机转换颁证。申请人的基地进入转换期一年以上，并继续实施有机转换计划，颁发有机转换证书。从有机转换基地收获的产品，按照有机方式加工，可作为有机转换产品，即“有机转换产品”销售。

（4）拒绝颁证。申请内容达不到有机标准要求，颁证委员会拒绝颁证，并说明理由。

7. 颁证决定签发

颁证委员会做出颁证决定后，认证中心主任授权颁证委员会秘书处（认证二部）根据颁证委员会做出的结论在颁证报告上使用签名章，签发颁证决定。

8. 有机产品标志的使用

根据证书和《有机食（产）品标志使用章程》的要求，签订《有机食（产）品标志使用许可合同》，并办理有机/有机转换标志的使用手续。

9. 保持认证

有机产品认证证书有效期为1年，在新的年度里，COFCC会向获证企业发出《保持认证通知》。获证企业在收到《保持认证通知》后，应按照要求提交认证材料、与联系人沟通确定实地检查时间并及时缴纳相关费用。保持认证的文件审核、实地检查、综合评审、颁证决定的程序同初次认证。

（三）农产品地理标志登记保护

农产品地理标志是指标示农产品来源于特定地域，产品品质和相关特征主要取决于自然生态环境和历史人文因素，并以地域名称冠名的特有农产品标志。此处所称的农产品是指来源于农业的初级产品，即在农业活动中获得的植物、动物、微生物及其产品。农业农村部于2007年12月发布的《农产品地理标志管理办法》（以下简称《办法》），是专门针对农产品地理标志发布管理的行政法规。《办法》规定，国家对农产品地理标志实行登记制度，经登记的农产品地理标志受法律保护。

1. 申请地理标志登记的农产品

农产品地理标志登记范围是指来源于农业的初级产品，并在《农产品地理标志登记审查准则》规定的目录覆盖的3大行业22个小类内。

申请农产品地理标志登记的农产品，应当符合下列条件：称谓由地理区域名称和农产品通用名称构成；产品有独特的品质特性或者特定的生产方式；产品品质和特色主要取决于独特的自然生态环境和人文历史因素；产品有限定的生产区域范围；产地环境、产品质量符合国家强制性技术规范要求。

2. 农产品地理标志登记申请人

农产品地理标志登记申请人为县级以上地方人民政府，根据下列条件择优确定农民专业合作经济组织、行业协会等组织。

（1）具有监督和管理农产品地理标志及其产品的能力。

（2）具有为地理标志农产品生产、加工、营销提供指导服务的能力。

（3）具有独立承担民事责任的能力。

3. 农产品地理标志使用的申请

符合下列条件的单位和个人，可以向登记证书持有人申请使用农产品地理标志：

（1）生产经营的农产品产自登记确定的地域或范围。

（2）已取得登记农产品相关的生产经营资质。

（3）能够严格按照规定的质量技术规范组织开展生产经营活动。

（4）具有地理标志农产品市场开发经营能力。

4. 农产品地理标志使用的规定

使用农产品地理标志，应当按照生产经营年度与登记证书持有人签订农产品地理标志使用协议，在协议中载明使用的数量、范围及相关的责任义务。

农产品地理标志登记证书持有人不得向农产品地理标志使用人收取使用费。

第三节 农产品包装

一、农产品包装的概念

农产品包装是指对农产品实施装箱、装盒、装袋、包裹、捆扎等，也指采用适当的包装材料、容器和包装技术，将农产品包裹起来，以使农产品在运输和仓储过程中保持其价值和原有状态的包装材料及包装技术活动。

二、农产品的包装技术

（一）防潮包装

防潮包装是采用具有一定隔绝水蒸气能力的材料对农产品进行包装，隔绝外界湿度对产品的影响，使农产品能在恒温和恒湿的条件下保存。这对果蔬的保鲜具有非常重要的意义。如中药材，若是较贵重的药材，如虫草、鹿茸等，可先用密封袋封装或防潮纸包裹。茶叶是一种干品，极易吸湿受潮而产生质变，它对水分、异味的吸附很强，而香气又极易挥发。因此，将茶叶存放在茶叶罐中以避免因水分、温湿度、光、氧等因子的作用下引起的不良生化反应和微生物的活动而导致的茶叶质量的变化。

（二）防霉包装

防霉包装是为防止农产品在受霉菌作用时发生霉变和腐败，使物品质量受到损害而采取的一定防护措施的包装。如豆制品，大豆含有较高的油分和非常丰富的蛋白质，较难贮藏，长期安全贮藏水分含量必须达12%以下，最好在9%～10%之间，超过13%有霉变危险。入仓前要将破损粒、冻伤粒、虫蛀粒和病变粒剔除干净，提高贮藏稳定性。入仓后经过一段时间，种子进行后热作用，放出大量湿气和热量，即入仓后3～4周，应趁晴天进行倒仓通风散湿，结合过筛除杂，防霉变。

（三）真空包装

这种技术可以减少包装袋内氧气的含量，防止食品腐败变质。多采用塑料及塑料与纸和铝箔等复合软包装材料进行真空包装。如块茎类蔬菜、玉米、硬质水果等均可采用此包装技术。

（四）气调贮藏

气调贮藏是指在特定的气体环境中的冷藏方法。气调贮藏是在低温贮藏的基础上，改变贮藏环境的气体成分，降低氧的含量至1%～10%，提高二氧化碳的含量到1%～10%，抑制新鲜果蔬的呼吸作用，延缓新陈代谢速度，推迟成熟衰老，减少营养成分和其他物质的降低和消耗；抑制某些生理病害发生的作用，减少贮藏过程中的腐烂损失。这些都有利于延长新鲜果蔬的贮藏寿命。

（五）无菌包装

无菌包装技术是在被包装物、包装容器或材料、包装辅助器材无菌的情况下，在无菌的环境中进行充填和封合的一种包装技术。农产品无菌包装是指将经过灭菌处理的农产品在无菌环境中包装，封闭在经过杀菌的容器中，以期在不加防腐剂、不经冷藏的条件下得到较长的货架寿命。农产品无菌包装过程包括：包装机械及操作环境的杀菌处理，包装农产品的杀菌，包装容器的预制成型及杀菌处理，定量灌装、封合、装箱打包运出等，各工序环节都要保证农产品包装操作的无菌条件。在我国，农产品无菌包装技术在乳蓄品业已经取得了很大的发展，未来饮料行业对无菌包装的需求很大，尤其是茶、果汁等饮料的纸塑无菌包装、PET瓶无菌包装市场前景很好。

（六）保鲜包装

保鲜包装是使新鲜水果、蔬菜在一定时间和条件下能保持原有产品色、香、味的一种包装方法。我国农产品主要的保鲜技术有冷藏保鲜技术、防腐保鲜技术、臭氧保鲜技术；如肉类、果蔬等农产品的冷藏保存，袋装特色农产品及小食品的防腐保存，而臭氧保鲜技术通常用于水果的保鲜。

三、农产品包装的设计

（一）农产品的包装设计理念

包装设计不仅是设计包装产品，更是设计产品品牌形象，明确产品特性，反映消费者心理：包装设计除了满足保护农产品、储存产品等基本功能以外，还要美观，有一定的文化内涵，有独特的卖点才能吸引消费者，获得较好的经济效益。好的农产品包装可以减少农产品在储藏和运输过程中不必要的二次污染，同时对农产品的品牌也起到了良好的宣传效果，一举两得。

（二）商品包装的标识与标记

农产品生产企业、农民专业合作经济组织以及从事农产品收购的单位或者个人包装销售的农产品，应当在包装物上标注或者附加标识标明品名、产地、生产者或者销售者名称、生产日期等。有分级标准或者使用添加剂的，还应当标明产品质量等级或者添加剂名称。未包装的农产品，应当采取附加标签、标识牌、标识带、说明书等形式标明农产品的品名、生产地、生产者或者销售者名称等内容。

农产品标识所用文字应当使用规范的中文。标识标注的内容应当准确、清晰、显著。获得的无公害农产品、绿色食品、有机农产品等质量标志使用权的农产品，应当标注相应标志和发证机构。禁止冒用无公害农产品、绿色食品、有机农产品等质量标志。畜禽及其附属产品、属于农业转基因生物的农产品，还应当按照有关规定进行标识。

第四节 农产品品牌建设

一、品牌的概念

品牌是给拥有者带来溢价、产生增值的一种无形的资产，它的载体是用于和其他竞争者的产品或劳务相区分的名称、术语、象征、记号或者设计及其组合，增值的源泉来自于消费者心智中形成的关于其载体的印象。

品牌有广义和狭义之分。广义的“品牌”是具有经济价值的无形资产，用抽象化的、特有的、能识别的心智概念来表现其差异性，从而在人们的意识当中占据一定位置的综合反映。狭义的“品牌”是一种拥有对内对外两面性的“标准”或“规则”，是通过对理念、行为、视觉三方面进行标准化、规则化，使之具备特有性、价值性、长期性、认知性的一种识别系统总称。这套系统我们也称之为CIS（corporate identity system）体系。

品牌承载的更多是一部分人对其产品以及服务的认可，是一种品牌商与顾客购买行为间相互磨合衍生出的产物。

二、农产品品牌建设的意义

（一）农产品品牌建设可以促进农村经济的发展

农产品品牌建设可以促进农村经济的发展，有利于形成较好的市场机制，有效促进生产要素资源和消费品资源按照市场化原则进行流动。品牌建设将生产领域和消费领域的市场机制有效结合起来，通过建设优质农产品品牌实现社会资源的优化配置。通过发挥农产品的品牌效应，增强农业产区和农产品的竞争力，进而带动周边地区的整体竞争力，促进农业和农村经济的发展。

（二）农产品品牌建设有利于增加农民收入水平

品牌建设推动了订单生产，鼓励农户根据自身条件签订订单，并有计划地安排农产品生产，从而确保农产品销售的稳定，规避市场风险。在没有品牌的情况下，即使投入巨大的推介成本也难以赢得较多的消费者，但若采取品牌策略，可以通过品牌将农产品信息传递给消费者，达到降低推介成本、增加销售的目的。成功的品牌建设在凝聚忠诚消费者的同时又吸引着新的消费者，通过品牌宣传，扩大声誉，带给农产品价值以外的附加价值，带来销售量的增长和利润的增加，从而可以增加农民收入，促进三农问题的解决。

（三）农产品品牌建设有利于满足消费者需求

品牌建设可以促进产品质量、包装广告等方面的规范，为消费者选购农产品提供相应的品牌信息，有效解决农产品市场信息不对称的问题。消费者通过品牌进行信息收集，降低了选择成本，提高了购买效率。此外，农产品生产者为了树立品牌形象和声誉，也会保证农产品品质，从而维护消费者的利益。

（四）农产品品牌建设有利于促进政府管理目标的实现

通过对农产品品牌的维护，保证农产品质量，保障消费者利益，增加农民收入，提高农业整体发展水平，实现政府的管理目标，提升我国政府和农产品国家品牌的国际地位。

三、农产品品牌建设存在的问题

目前农产品品牌建设存在的问题主要表现在：

（一）农产品品牌内涵建设不足

农产品的生产者在农业发展项目中没有依托当地的资源优势，展现地域差异，发展特色农业。品牌的创建没有加入特色文化，对农产品品牌文化内涵的研究挖掘和建设不足。农产品品牌名称简单，商标的宣传和应用有限，缺乏宏观统一的规划和指导。

（二）农产品品牌传播渠道单一

农产品的营销观念仍然比较传统，还停留在“生产者——批发商——零售商——消费者”的传统模式，因此品牌的传播途径非常单一，品牌空间狭小。随着市场经济的发展，传统的、单一的品牌传播渠道已经不能适应农产品品牌的建设和发展。

（三）地区品牌缺乏整合

目前的农产品品牌大多产业零散，单个农户或者中小企业的小规模不利于农产品品牌形象的树立。农产品附加值低，专业化水平和技术水平较低，行业集中度和品牌集中度不高，容易导致农产品质量参差不齐。

（四）农产品品牌质量和信任度不高

市场上有些农产品的产品质量和品牌质量不高，在安全性等方面缺乏保障，消费者对品牌标识和是否符合质量安全标准方面难以分辨。农产品精深加工的能力不足，附加值较低，缺少高端农产品品牌。

（五）政府对农产品品牌的引导和扶持政策落实不够

虽然很多地方政府对农产品品牌建设给予高度关注，也制定了相关的政策和指导意见，但是落到实处的并不多，未能真正解决农产品品牌建设过程中的实际问题。农产品的生产运营、技术支持、品牌策划、营销推广、公共关系等都是影响品牌建设的主要环节，政府和职能机构还需要继续发挥引导和支持作用。

四、建设农产品品牌的措施

（一）明确品牌定位，增强品牌意识

农产品生产经营者要积极进行商标和专利的申报及注册登记，遵循品牌建设规律，重视地理标志的申请和保护，增强商标意识。区域品牌的定位要从当地的实际出发，在当地特色文化的基础上建立品牌定位。品牌定位要坚持优势性、独特性、创造性原则，挖掘优势资源和特色风情，蕴含地理特征和人文历史。同时要兼顾消费者群体的文化背景和审美情趣，根据目标客户的期望建立良好的品牌形象，通过区别竞争者品牌引导顾客关注。

（二）积极开展农产品产业化经营

积极开展农产品产业化经营，增强规模效应，加长产业链，将分散农户同市场需求联系起来，走规模化和标准化之路，促进农产品的市场化运作，降低分散农户的风险程度，提升农产品的附加价值，树立良好的品牌形象。还可以依托产业聚集获取农产品品牌聚集效应，围绕当地某些特色条件、主导产业进行种植、养殖，形成较强的产业竞争力。通过产业集群的聚集性，突出地方农产品特色，建立统一形象，增强农产品的市场竞争力。

（三）提高农产品质量，完善农产品质量安全体系

农业生产者要不断更新农业技术，采用科学的管理方法，实现农业的标准化生产，打好农产品品牌建设的基础。积极引进农业科技人才，促进技术创新，加大科技投入，主动对接农业高新科技项目成果，开发高科技含量产品，保持农产品的名优品质和市场活力。完善农产品基础设施建设，实现农产品质量的维护和保障。同时，要健全农产品的标准化体系建设，通过标准化生产和质量监管保障农产品品牌的品质，在此基础上保证农产品品牌的竞争实力。

（四）加大农产品品牌宣传力度，重视农产品的认证工作

通过报刊、广播、电视、网络等媒介加强农产品品牌建设的相关政策和法规的宣传，积极参加各类展示展销活动，宣传品牌建设的典型经验和做法，形成农产品品牌建设的良好氛围，增强市场服务功能，提高品牌农产品的辐射范围。同时，严格农产品质量标准，对农产品的质量状况进行评价和认证，确立优质名牌产品的身份。

第八章

培养农民创业能力

第一节 培养创业精神

创业精神是指在创业者的主观世界中，那些具有开创性的思想、观念、个性、意志、作风和品质等个体品质的提炼与浓缩。如果从创业精神的不同层面去剖析，在哲学层面上，创业精神可以理解为创业的思想与观念，是人们对创业的理性认识；从心理学层面上，创业精神可以概括为创业的个性与意志，是人们创业的心理基础；在行为学层面上，它包含创业的作风与品质，是人们创业的行为模式。

创业精神作为一种精神内核，是可以培养与引导的。作为创业者，对自身创业精神的培养是非常必要的。创业者的创业精神包含以下几个方面：

一、勇于创新的品质

创造力是人们利用已有的知识和经验创造出新颖独特、有价值的产品的能力，是人们自我完善、自我实现的基本素质。取得成功的创业者都具有一些共同的特质，他们能够在不断的变化中创造机会，积极地寻找新的机遇，不放过任何想法，即使是在一些传统的创业活动中，也同样能够找到创新的方向，创造出全新的商业模式从而取得成功。

创新品质的培养是贯穿始终的。任何的创新都是在原有的基础上进行改革，这说明创新品质可以通过后天培养与训练。作为创业者，创新品质与能力的基础不是随意空想，而是要培养对日常事物的观察与探索。褚时健在 75 岁时选择再次创业，还是传统的农业创业——开办自己的果园，他所种的橙子被人们誉为“褚橙”，这得益于他不断的创新精神。通过6年的时间，褚时健不断摸索，创立了一套自己的种植办法，对肥料、灌溉、修剪都有自己的要求，工人必须严格执行。种橙期间，遇到任何难题，他的第一反应就是看书，经常一个人翻书到凌晨三四点，终于研究出了皮薄、柔软、易剥、味甜微酸、质绵无渣的“褚橙”，得到了市场的认可。

二、敢于冒险的品质

创业是一项风险性活动，它的成功与否取决于很多确定因素和不确定因素。处理确定性因素，如注册公司、制定公司章程等活动的时候，付出和回报往往都能清晰地判断，而对不确定性因素，如创业方向的决策、人才引进的决策、拓展业务方法的决策等活动的处理，其产生的结果大部分都不能准确地预测和判断。不确定性因素意味着风险，而创业者必须具备面对和把握这种风险的能力，即冒险精神。

当然冒险不是盲目地随着个人喜好发展，更不等同于赌博，它是建立在成功概率之上的，是在敏锐的市场洞察力和详细的市场调查基础之上的理性激进的行为。在实践中，冒险表现出两种类型：本性型和认知型，前者出于天性，后者是可以在后天实践中培养起来的。因此，冒险精神可以通过训练内化习得。创业可以通过训练培养风险管理意识，即接受、认识、了解、衡量、分析以及处置风险的能力和意识。

三、积极主动的精神

主动精神即进取精神，是一种源自自身积极努力地向目标挺进的精神力量，是创业者必备的心理素质，也是事业开创及开创之后持续发展的内在关键力量。在事业面临不确定情况的时候，进取精神能够启动创业者所有的思维和资源，去主动面对困难、解决困难，保证事业的顺利发展。

任何事业的开创都是主动进取的结果，在市场经济下，市场的竞争性特征决定了市场主体必须对信息和机会有更强的把握能力。要求他们主动寻找和把握机会，主动寻求资源和市场等来实现自己的事业目标。被动适应、等待机会和不作为式的创业是不可能持续的，注定会被市场淘汰。总之，市场经济需要主动进取的精神，在创业过程中，不能被动等待，要主动去关注这个世界，对外部世界保持好奇，主动去探索、去交流，在主动中把握机会。

四、乐于合作的精神

合作精神是指两个或两个以上的个体为了实现共同目标（共同利益）而自愿结合在一起，通过相互之间的配合和协调而实现共同目标，最终个人利益也获得满足的一种社会交往导向心理状态。从另一方面来看，合作精神也是共享和共赢的一种体现。在信息化时代开放的市场环境下，没有人能独自创业成功，创业者需要尽可能降低风险，通过合作实现共赢是当今市场经济发展的必然趋势。

作为创业者，在创业的初始阶段，资金、人脉、能力都不可能完全具备，在精力上也不可能事事亲力亲为，必须借助合作伙伴的力量来取得成功。在必须借助企业外部力量的事业成长的关键期，创业者也必须具备与外部合作的意识。在进行关键策略决策时，创业者也必须借助团队，实现科学决策。创业团队在合作的过程中，面临创业观念、能力、知识，以及权利、物质上的利害关系，这些都需要相互磨合，在创业过程中不断锻炼。

第二节 提升创业能力

创业能力是创业者综合水平的体现，是创业者成功创业的决定因素，主要有以下方面。

一、学习能力

创业者是企业的引路人，要带领企业不断前进和发展，就必须了解新技术、新的管理知识经验，对行业发展现状和未来有清醒的认识，对产品和消费者需求变化要十分熟悉。所有这些都需要创业者走在员工前面，走在竞争者前面，需要创业者有较强的学习能力。创业者要充分认识学习能力的重要性。要采用现代学习手段，运用科学学习方法，利用可能利用的时间和机会，为自己“充电”，只有这样，才能适应现代企业发展速度的变化需求，带领企业创造美好的未来。

二、规划能力

创业者要“胸怀企业，放眼世界，展望未来”，能够根据当前情况，合理确定发展方向和阶段目标，依据市场环境和企业自身条件，制定出可行性的企业发展目标。制定目标时要做到长、中、短各期目标衔接合理。只有创业者有企业发展的蓝图，目标明确，才能驾驭全局带领团队有计划、有步骤地开展工作，才能使企业从成功走向新的成功。

三、创新能力

创业本身就是创新实践活动。成功的创业者要使企业获得生存空间，并得到成长和发展，必须有自己突出的特点。例如，在生产技术、生产工艺、产品功能，结构质量、服务等方面与其他同类产品相比，本企业产品能满足消费者特殊功能的需求，或者高出一筹的质量，或者在外观上更符合消费者审美个性。创业者只有保持与时俱进的创新能力，才能使企业充满生机与活力，才能在激烈的市场竞争中，保持竞争优势，获得企业的可持续发展。要进行创新活动，创业者必须要对生产技术和管理进行非常深入的了解，同时对于行业发展现状和发展趋势要十分清楚，还要分析消费者需求变化趋势，在此基础上，结合本企业特点，发掘本企业优势，就会不断实现创新活动，赢得市场竞争的主动。

四、预测决策应变能力

市场外部环境是瞬息万变的。创业者要以敏感的视觉，观察周围情况的变化，采用科学的分析方法，对影响企业发展的各项因素做出及时准确预测，采用恰当的决策，找出应对外部环境变化的可行措施手段，引导企业良性发展。具体表现为管理信息能力，信息是企业发展的晴雨表。建立广泛的信息渠道和快速信息传输方式是企业生存发展的重要环节，特别是现代企业竞争日益激烈，外部环境瞬息万变，面对快速多变的市场，如果企业不能借助信息做出快速反应，将会贻误战机，将企业带入困难境地。创业者对信息的管理能力在当今社会事关企业生死存亡。管理信息能力主要指创业者对信息的敏感捕捉能力、信息识别能力、信息处理能力和信息利用能力。信息管理就是利用这些能力为企业各方面管理服务，提高企业应变能力。

第三节　掌握创业流程

一、捕捉创业机会

创业者不仅要善于发现机会，更需要正确把握并果敢行动，将机会变成现实的结果，这样才有可能在最恰当的时候出击，获得成功。把握创业机会，应注意以下几点：

（1）着眼于问题把握机会。机会并不意味着无须代价就能获得，许多成功的企业都是从解决问题起步的。问题，就是现实与理想的差距，顾客需求在没有满足之前就是问题，而设法满足这一需求，就抓住了市场机会。

（2）利用变化把握机会。变化中常常蕴藏着无限商机，许多创业机会产生于不断变化的市场环境。环境变化将带来产业结构的调整、消费结构的升级、思想观念的转变、政府政策的变化、居民收入水平的提高。人们透过这些变化，就会发现新的机会。

（3）跟踪技术创新把握机会。世界产业发展的历史告诉我们，几乎每一个新兴产业的形成和发展都是技术创新的结果。产业的变更或产品的替代既满足了顾客需求，同时也带来了前所未有的创业机会。

（4）在市场夹缝中把握机会。创业机会存在于为顾客创造价值的产品或服务中，而顾客的需求是有差异的。创业者要善于找出顾客的特殊需要，盯住顾客的个性需要并认真研究其需求特征，这样就可能发现和把握商机。

（5）捕捉政策变化把握机会。中国市场受政策影响很大，新政策出台往往引发新商机，如果创业者善于研究和利用政策，就能抓住商机，站在潮头。

（6）弥补对手缺陷把握机会。很多创业机会是缘于竞争对手的失误而“意外”获得的，如果能及时抓住竞争对手策略中的漏洞而大做文章，或者能比竞争对手更快、更可靠、更便宜地提供产品或服务，也许就找到了机会。

二、选择创业项目

现代农业能够有效地提高农业综合生产能力，增强种养业的竞争力，促进农村经济发展，快速增加农民收入。通常，现代农业创业项目有许多种类可以选择，归纳起来，主要有以下几方面的项目：

（一）规模种植项目

随着我国现代农业的快速发展，家庭联产承包经营与农村生产力发展水平不相适应的矛盾日益突出，农户超小规模经营与现代农业集约化生产之间的不相适应越来越明显。我国农户土地规模小，农民经营分散、组织化程度低、抵御自然和市场风险的能力较弱，很难设想，在以一家一户的小农经济的基础上，能建立起现代化的农业，并实现较高的劳动生产率和商品率。规模种植业便于集中有限的财力、人力、技术、设备，形成规模优势，提高综合竞争力。因此，打破田埂的束缚，让一家一户的小块土地通过有效流转连成一片，实施机械化耕作，进行规模化生产，既是必要的、也是可能的。这也成为农业创业的重要选择项目。

适合规模种植业创业的条件：一是有从事规模种植业的大面积土地，土地条件要便于规模化生产和机械化耕作；二是有大宗农副产品的销售市场；三是当地农民有某种作物的传统种植经验。

（二）规模养殖项目

国家在畜牧业发展方面重点支持建设生猪、奶牛规模养殖场（小区），开展标准化创建活动，推进畜禽养殖加工一体化。标准化规模养殖是今后一个时期的重点发展方向。也就是说，规模养殖业已经成为养殖业创业类型中的必然选择。近几年不断出现的畜禽产品质量安全问题，促使国家更加重视规模养殖业的发展。只有规模养殖业才能从饲料、生产、加工、销售等环节控制畜禽产品的质量，国家积极推进建立的各类畜禽产品质量安全追溯体系适合于规模养殖业。在这样的政策背景下，选择规模养殖业创业项目不失为一个明智的选择。规模养殖业是技术水平要求较高的行业，如果选择规模养殖业为创业项目，一定要注意认真学习养殖和防疫技术，万不可想当然、靠直觉，要多听专家的意见，或者聘请懂技术的专业人员。

适合规模养殖业创业的条件：一是当地的气候、水文等自然条件要适宜，周围不能有工业或农业污染，交通要便利，地势较高；二是发展规模养殖所用土地要能够正常流转；三是畜禽产生的粪污要有科学合理的处理渠道；四是繁育孵化、喂饲、饮水、清粪、防疫、环境控制等设施设备要齐备。

（三）设施农业项目

设施农业是指在不适宜生物生长发育的环境条件下，通过建立结构设施，在充分利用自然环境条件的基础上，人为地创造生物生长发育的生境条件，实现高产、优质、高效的现代化农业生产方式。随着社会经济和科学技术的发展，传统农业产业正经历着翻天覆地的变化，由简易塑料大棚和温室发展到具有人工环境控制设施的自动化、机械化程度极高的现代化大型温室和植物工厂。当前，设施农业已经成为现代农业的主要产业形态，是现代农业的重要标志。设施农业主要包括设施栽培和设施养殖。

1. 设施栽培项目

目前主要是蔬菜、花卉、瓜果类的设施栽培，设施栽培技术不断提高发展，新品种、新技术及农业技术人才的投入提高了设施栽培的科技含量。现已研制开发出高保温、高透光、流滴、防雾、转光等功能性棚膜及多功能复合膜和温室专用薄膜，便于机械化卷帘的轻质保温被逐渐取代了沉重的草帘，也已培育出一批适于设施栽培的耐高温、弱光、抗逆性强的设施专用品种，提高了劳动生产率，使栽培作物的产量和质量得以提高。下面是主要设施栽培装备类型及其应用简介：

（1）小拱棚。小拱棚主要有拱圆形、半拱圆形和双斜面形三种类型。主要应用于春提早、秋延后或越冬栽培耐寒蔬菜，如芹菜、青蒜、小白菜、油菜、香菜、菠菜、甘蓝等；春提早的果菜类蔬菜，主要有黄瓜、番茄、青椒、茄子、西葫芦等；春提早栽培瓜果的主要栽培作物为西瓜、草莓、甜瓜等。

（2）中拱棚。中拱棚的面积和空间比小拱棚稍大，人可在棚内直立操作，是小棚和大棚的中间类型。常用的中拱棚主要为拱圆形结构，一般用竹木或钢筋做骨架，棚中设立柱。主要应用于春早熟或秋延后生产的绿叶菜类、果菜类蔬菜及草莓和瓜果等，也可用于菜种和花卉栽培。

（3）塑料大棚。塑料大棚是用塑料薄膜覆盖的一种大型拱棚。它和温室相比，具有结构简单，建造和拆装方便，一次性投资少等优点；与中小棚比，又具有坚固耐用，使用寿命长，棚体高大，空间大，必要时可安装加温、灌水等装置，便于环境调控等优点。主要应用于果菜类蔬菜、各种花草及草莓、葡萄、樱桃等作物的育苗；春茬早熟栽培，一般果菜类蔬菜可比露地提早上市 20～30 天，主要作物有黄瓜、番茄、青椒、茄子、菜豆等；秋季延后栽培，一般果菜类蔬菜采收期可比露地延后上市 20～30 天，主要作物有黄瓜、番茄、菜豆等；也可进行各种花草、盆花和切花栽培，草莓、葡萄、樱桃、柑橘、桃等果树栽培。

（4）现代化大型温室。现代化大型温室具备结构合理、设备完善、性能良好、控制手段先进等特点，可实现作物生产的机械化、科学化、标准化、自动化，是一种比较完善和科学的温室。这类温室可创造作物生育的最适环境条件，能使作物高产优质。主要应用于园艺作物生产上，特别是价值高的作物生产上，如蔬菜、切花、盆栽观赏植物、园林设计用的观赏树木和草坪植物以及育苗等。

2. 设施养殖项目

目前主要是畜禽、水产品和特种动物的设施养殖。近年来，设施养殖正在逐渐兴起。下面是设施养殖装备类型及其应用简介：

（1）设施养猪装备。常用的主要设备有猪栏、喂饲设备、饮水设备、粪便清理设备及环境控制设备等。这些设备的合理性、配套性对猪场的生产管理和经济效益有很大的影响。由于各地实际情况和环境气候等不同，对设备的规格、型号、选材等要求也有所不同，在使用过程中须根据实际情况进行确定。

（2）设施养牛装备。主要有各类牛舍、遮阳棚舍、环境控制、饲养过程的机械化设备等，这些技术装备可以配套使用，也可单项使用。

（3）设施养禽装备。现代养禽设备是用现代劳动手段和现代科学技术来装备的，在养禽特别是养鸡的各个生产环节中使用，各种设施实现自动化或机械化，可不断地提高禽蛋、禽肉的产品率和商品率，达到养禽稳定、高产优质、低成本，以满足社会对禽蛋、禽肉日益增长的需要。主要有以下几种装备：孵化设备、育雏设备、喂料设备、饮水设备、笼养设施、清粪设备、通风设备、湿热降温系统、热风炉供暖系统等。

（4）设施水产养殖装备。设施水产养殖主要分为两大类：一是网箱养殖，包括河道网箱养殖、水库网箱养殖、湖泊网箱养殖、池塘网箱养殖；二是工厂化养鱼，包括机械式流水养鱼、开放式自然净化循环水养鱼、组装式封闭循环水养鱼、温泉地热水流水养鱼、工厂废热水流水养鱼等。

目前，设施农业的发展以超时令、反季节生产的设施栽培生产为主，它具有高附加值、高效益、高科技含量的特点，发展十分迅速。随着社会的进步和科学的发展，我国设施农业的发展将向着地域化、节能化、专业化发展，由传统的作坊式生产向高科技、自动化、机械化、规模化、产业化的工厂型农业发展，为社会提供更加丰富的无污染、安全、优质的绿色健康食品。

（四）休闲观光农业项目

休闲观光农业是一种以农业和农村为载体的新型生态旅游业，是把农业与旅游业结合在一起，利用农业景观和农村空间吸引游客前来观赏、游览、品尝、休闲、体验、购物的一种新型农业经营形态。休闲观光农业主要有观光农园、农业公园、教育农园、森林公园、民俗观光村等五种形式。

现代农业不仅具有生产性功能，还具有改善生态环境质量，为人们提供观光、休闲、度假的生活性功能。也就是说，农业生产不仅要满足“胃”，还要满足“心”，满足“肺”。随着人们收入的增加以及闲暇时间的增多，人们渴望多样化的旅游，尤其希望能在广阔的农村环境中放松自己。休闲观光农业的发展，不仅可以丰富城乡人民的精神生活，优化投资环境，而且能实现农业生态、经济和社会效益的有机统一。

休闲观光农业创业要具备以下条件：一是当地要有值得拓展的旅游空间，休闲观光创业项目要有自己的特点，不能完全雷同；二是农业旅游项目要能够满足人们回归大自然的愿望，软硬件设施要，满足游客的需要；三是周围要有休闲观光消费的群体，消费群体要有一定的消费能力；四是休闲观光项目要能够增加农业生产的附加值，要能配套开发出相应的旅游产品。

（五）农产品加工项目

农产品加工业有传统农产品加工业和现代农产品加工业两种形式。传统农产品加工业是指对农产品进行一次性的不涉及对农产品内在成分改变的加工，也是通常所说的农产品初加工。现代农产品加工业是指用物理、化学等方法对农产品进行处理，改变其形态和性能，使之更加适合消费需要的工业生产活动。依托现代农产品加工业实现创业成功的例子不胜枚举，是否也可以依靠当地农产品资源进行现代农产品加工创业呢？创业之初，完全可以把规模放小一点，充分考虑市场风险，随着技术和市场的不断成熟再不断改进加工工艺并扩大规模，最终实现创业成功。

农产品加工业创业应有的条件：一是产品要有丰富的市场需求；二是加工原料要有充足的来源；三是要有能赢得良好口碑的产品。

（六）农村新型服务业项目

农村新型服务业是适应农村生产生活方式变化应运而生的产

业，业态类型丰富，经营方式灵活，发展空间广阔。农村新型服务业包括生产性服务业和生活性服务业。

1. 生产性服务业

为适应农业生产规模化、标准化、机械化的趋势，支持供销、邮政、农民合作社及乡村企业等，开展农技推广、土地托管、代耕代种、烘干收储等农业生产性服务，以及市场信息、农资供应、农业废弃物资源化利用、农机作业及维修、农产品营销等服务。

引导各类服务主体把服务网点延伸到乡村，鼓励新型农业经营主体在城镇设立鲜活农产品直销网点，推广农超、农社（区）、农企等产销对接模式。鼓励大型农产品加工流通企业开展托管服务、专项服务、连锁服务、个性化服务等综合配套服务。

2. 生活性服务业

改造提升餐饮住宿、商超零售、美容美发、洗浴、照相、电器维修、再生资源回收等乡村生活服务业，积极发展养老护幼、卫生保洁、文化演出、体育健身、法律咨询、信息中介、典礼司仪等乡村服务业。

积极发展订制服务、体验服务、智慧服务、共享服务、绿色服务等新形态，探索“线上交易＋线下服务”的新模式。鼓励各类服务主体建设运营覆盖娱乐、健康、教育、家政、体育等领域的在线服务平台，推动传统服务业升级改造，为乡村居民提供高效便捷服务。

（七）农村电子商务项目

1. 培育农村电子商务主体

引导电商、物流、商贸、金融、供销、邮政、快递等各类电子商务主体到乡村布局，构建农村购物网络平台。依托农家店、农村综合服务社、村邮站、快递网点、农产品购销代办站等发展农村电商末端网点。

2. 扩大农村电子商务应用

在农业生产、加工、流通等环节，加快互联网技术应用与推广。在促进工业品、农业生产资料下乡的同时，拓展农产品、特色食品、民俗制品等产品的进城空间。

3. 改善农村电子商务环境

实施“互联网+”农产品出村进城工程，完善乡村信息网络基础设施，加快发展农产品冷链物流设施。建设农村电子商务公共服务中心，加强农村电子商务人才培养，营造良好市场环境。

农村电子商务创业应有的条件：一是网络基础设施；二是物流配送；三是产品质量；四是市场需求；五是营销能力。

三、制定创业计划

创业计划是创业者在初创企业成立之前就已经准备好的一份书面计划，用来描述创办一个新的风险企业时所有的内部和外部要素。创业计划通常是各项职能如市场营销计划、生产和销售计划、财务计划、人力资源计划等的集成，同时也提出创业的头三年内所有长期和短期决策制定的方针。

创业计划也是对企业进行宣传和包装的文件。它向风险投资企业、银行、供应商等外部相关组织宣传企业及其经营方式；同时，又为企业未来的经营管理提供必要的分析基础和衡量标准。在过去，创业计划单纯地面向投资者；而现在，创业计划成为企业向外部推销自己的工具和企业对内部加强管理的依据。

制定创业计划，就是使创业者在选定创业项目、确定创业模式之前，明确创业经营思想，考虑创业的目的和手段，为创业者提供指导准则和决策依据。

四、实施创业计划

通过策划和调研，真正确定了创业的项目，制定了创业计划书，开始实施创业计划时，你必须对创业规模、组织方式、组织机构、经营方式等方面做出决策，这将涉及一系列具体的问题。包括资金筹措、人员组合、场地选择、手续办理等。

（一）创业融资

创业者成立企业，除了一些基本工作之外，还需要创业资金。拥有的资金越多，可选择的余地就越大，成功的机会就越多。如果没有资金，一切就无从谈起。对于广大的创业者来说，创业初期最大的困难就是如何获得资金。融资的方式和渠道多种多样，创业者需要进行比较，并确定适合于自己的融资方式和途径。

（二）人员组合

选择了创业目标，制定了创业计划，明确了创业模式，确定了产品或服务方案，资金也筹措到位后，选择最佳的人员配备和组合就成了创业者的一个重要任务。

创办一个企业，如果有一个充满活力和凝聚力、具有协调性和开拓性的人员组合体，这个企业必将有一个良性发展的开端。能极大地调动起每个员工的工作积极性，营造出一个团结协作、以企为家的和谐氛围。

人员的组合只有在一定的范围内，依据有关方法，遵循必要的人员组合原则和标准，才能使人力资源配置达到最佳状态。

（三）确定经营方式

初创业者，规模不论大小，因为大有大的优势（大船抗风浪），小有小的好处（小船好掉头），但发展到一定程度之后，“航速”已经平稳，一切走上正轨，就不能不讲究规模与技术水平。否则永远只能在低水平上徘徊，自身难以发展。而在市场经济中，得不到发展常常也就意味着衰败的来临。

农民工创业之初，企业的自身发展常常受到各种条件或因素的局限，规模与速度都很难尽如人意。偏偏小企业抗衡市场风浪的能力又非常孱弱，于是就陷入了一个怪圈：企业小，难抗风浪，困难多，一发展甚至生存更艰难，困难更多。

怎么解决这个难题？各地农民朋友已经想出了许多很好的办法。

（1）股份制。就是大家各出股金，集中管理运作，共同投入于某一项目。等于是举全体之力，奋力一搏。

（2）联营制。也称“公司＋农户”。即对外是一个统一的公司，统一商标，统一营销，统购原材料，统一质量标准；对内实际上则是各家各户单独种植、养殖或加工制造，分批分类交售。

（3）协会制。就是组建行业协会，由协会统一质量标准或营销价格，各会员则自行组织生产、销售。

以上方法各有不同的适宜对象。创业中的农民工朋友们可以根据自己的情况来斟酌选择。

（四）场地选择

对于商业服务企业，只有选好址、立好地，才能立业、立命。有经验的企业家都能意识到选址定位的重要性。一些快餐业和超市连锁店经营失败的直接原因就是选址不当。

无论企业是刚刚开始，还是企业已经发展到成熟期，选址定位对企业的发展都是相当重要的。虽然选址要花费一定的精力、时间或金钱，但是如果能提高成功的概率，你所投入的一切完全是值得的。

第九章

加强精神文化建设

第一节　开展乡村阅读文化建设

一、推进乡村阅读

在新时代推进全民阅读，乡村不能缺位、农民更不能缺席。一方面，乡村阅读必须立足于农村这片土地，唯有植根于乡村的本乡本土文化，才能细化文化的内涵，让乡土味更契合乡亲们的需求；另一方面，农民是乡村阅读的主体，是文化阵地的根本力量，但是受限于文化素质、受教育程度、生活工作习惯等，阅读习惯尚未形成，阅读氛围还相对欠缺。这既阻碍了阅读之风的下沉和更好地发挥潜移默化的润物作用，也不利于全民阅读全国一盘棋的深刻布局。

新时代乡村阅读季活动，要进一步引导农民群众在阅读中增强坚定不移走中国特色社会主义乡村振兴道路的信心决心，提升奋斗创造美好生活、推进产业就业创业兴业的本领能力，让核心价值观在农村大地落小落细落实，让优秀传统文化和美德在乡村重现往日的辉煌盛景。

二、推进乡村阅读的措施

推进乡村阅读，必须多措并举，多管齐下。

一要强化思想引领。以农家书屋为阵地，不断优化和深化各类主题出版物、相关配套活动等的更优配置，紧紧围绕党建核心，传递更多文化的声音，引领乡村风气持续向好。

二要突出榜样示范。挖掘培育更多的优秀代表，通过开展乡村阅读优秀家庭或个人，或者开展系列演讲或朗读比赛，评选和树立乡村阅读的引领人物，打造阅读之风的亮点，为后续的以点带面奠定坚实基础。

三要鼓励社会参与。联合更多社会企业、民间组织等，更细化的合作方式和模式，既坚持政府购买，又持续推进市场化运作探索，把“送文化”和“种文化”紧密结合，提供更多优质阅读产品和服务，实现农村群众更丰富的文化产品富贵，确保足不出户，文化无处不在。

三、打造新型公共文化空间

未来五年是全面建设社会主义现代化国家开局起步的关键时期。在振兴乡村文化的过程中，依托传统农家书屋打造新型乡村公共文化空间，可以有效提高乡村公共文化服务的均衡性和可及性，拓展乡村文化振兴的新格局。

（一）打造新型乡村公共文化空间

在全面振兴乡村的国家战略之下，以新型公共文化空间思维，依托和充分整合地域文化资源，升级改造传统农家书屋，打造富有地域特色的新型乡村公共文化空间，是新时期振兴乡村文化的重要路径。在这个过程中，要充分发挥乡村群众的主体性，激发他们的内生力量，共建共享新型乡村公共文化空间，使其成为乡村群众对美好精神文化生活向往的容器和平台。

（二）推动乡村数字文化平台建设

使广大乡村群众随时随地都能享用优质的数字文化资源，参与丰富多彩的乡村文化活动，是与时俱进振兴乡村文化的时代要求。在振兴乡村进程中，大力拓展农家书屋的智慧应用场景，朝着内容资源数字化和服务平台网络化的方向发展，积极构建现代化的乡村数字公共文化服务平台，为群众提供优质科普和文化服务，建设乡村智慧公共文化空间，是农家书屋未来的发展方向。

（三）全面提升乡村公共文化服务效能

新型乡村公共文化空间的建设要从乡村群众的现实需求出发，引导与服务并举，整合资源，创新机制，培育具有时代感和地方特色的乡村阅读和文化品牌，打造阅读资源丰富、服务形式多样、功能完善的乡村新型公共文化空间，构建优质高效的乡村公共文化服务新体系，切实提高乡村公共文化服务的效能，满足乡村农民群众的多元化精神文化需求，不断增强乡村群众的内生发展动力。

在新的历史时期，以农家书屋为抓手，打造新型乡村公共文化空间，提升其文化生产和服务效能，加快拓展乡村文化振兴新格局，这是新时代振兴乡村文化的必要之举，也是新形势下建设中国式现代化乡村文化新生活、提升广大乡村群众幸福感和获得感的必由之路。

第二节　举办乡村文化体育活动

一、乡村体育文化发展方式

当前，乡村体育文化发展方式有两种。一是政府自上而下“输入型”的发展样态，体育行政部门配置体育资源、举办体育竞赛、开展体育文化活动，多以篮球、足球、马拉松等现代运动项目为主，在一定程度上促进了乡村体育文化振兴，但与本土化发展要求间耦合程度较差。二是基于乡村既有体育文化资源“内生型”的文化样态，多以武术、龙舟、舞龙舞狮等民族民间传统体育项目为主，虽然符合本土化发展要求，但因底子薄、资源少而陷入内卷化的低水平循环。

二、举办适合的乡村文化体育活动

举办适合乡村群众参与的特色体育赛事活动，同时可把体育赛事与农业生产、法治普及、政策宣讲等相结合。例如，“村 BA”在贵州、青海、河南等地开展得如火如荼，当地百姓放下锄头，来到篮球场，一场场精彩的篮球赛不仅丰富了大家的业余生活，还锻炼了身体，促进了健康，和谐了邻里。篮球、乒乓球、羽毛球、广场舞等体育赛事活动在我国乡村地区深受群众喜爱，广泛开展适合乡村群众参与的体育赛事活动，将丰富乡村群众的生活，促进大众身体健康。体育赛事活动参与人数众多，也是开展其他工作的有利时机。在贵州省黔东南州锦屏县，当地相关部门紧抓“村 BA”举办这一机会，积极开展法治宣传活动，为群众答疑解惑，让群众争做法律明白人，进一步深化群众法治观念，让法制宣传来到群众身边，进一步提升人民群众的获得感、幸福感、安全感。

三、举办特色体育赛事活动

举办适合城乡对接的特色体育赛事活动，进一步将居住在城市中的群众吸引到乡村地区参与体育赛事，以此带动体育、旅游等消费，促进当地经济发展。浙江宁波余姚的横坎头村，以前作为山区、老区，这里百姓的生活并不十分富足。然而，当地通过“体育＋旅游”的方式，走上了一条特色发展之路。山地越野、自行车赛等体育赛事在当地接连举办。每逢体育赛事举办，村民开办的餐厅等平均每天至少有万余元的收入，再加上日常来这里登山旅游的城里人进行的消费，村民的收入逐年增加，大家的心中乐开了花。

第三节　保护传承农耕文化

一、农耕文化的内涵

（一）农耕文化的概念

农耕文化是指由农民在长期农业生产中形成的一种风俗文化，以为农业服务和农民自身娱乐为中心。农耕文化集合了儒家文化，及各类宗教文化为一体，形成了自己独特文化内容和特征，但主体包括语言、戏剧、民歌、风俗及各类祭祀活动等，是中国存在最为广泛的文化类型。

（二）农耕文化的特点

（1）农耕文化是中国传统文化的基础和重要组成部分，它贯穿于中国传统文化的始终，且影响深远。在农业上，农耕文化对维系生物多样性、保障食品安全、保护生活环境、促进资源持续利用等方面具有重要的价值。

（2）农耕文化中的许多理念、思想和对自然规律的认知（如夏历、二十四节气、阴阳五行等）在现代乡村旅游中具有一定的现实意义和应用价值；在农村和农民的日常生活中，在农业生产中起着潜移默化的作用；在保持本民族特色、传承本国文化传统方面，发挥着十分重要的基础作用。

（3）农耕文化带有很强的生态环境特点的地域文化。南方北方，各有差异；东部西部，各具特色。我们经常说到 的“一方水土养一方人”，还有“五里不同风、十里不同俗”等等，都表明了农耕文化的地域性特征。

（4）农耕文化景观是人类认识自然、适应自然、利用自然的历史见证。它兼具自然环境和人类文化两种不同要素和特征，凸显了人和自然之间长期而深刻的关联。

二、传承保护农耕文化的意义

农耕文化是我国农业的宝贵财富，是中华文化的重要组成部分，积淀了数千年传统农业社会的智慧和经验。当前，在工业化、城镇化和全球化的浪潮中，传统农耕文化正面临中断和消亡。深入挖掘、保护、传承和发展农耕文化，具有重要的现实意义和深远的历史意义。

（一）农耕文化蕴含的农耕智慧是推动农业现代化的重要参考

长期以来，为了更好地适应自然、利用自然，中华先民坚持因地制宜、顺势而为，通过趣时和土、辨土肥田、驯化良种等方式，将盐碱地、干旱地、山坡地等改造为良田，农技农艺相结合，积累形成了丰富的农耕智慧，对于今天推进农业现代化仍有着重要的借鉴意义。

（二）农耕文化践行的人与自然和谐共生理念为农业绿色发展带来启示

中华农耕文明历经千百年而不衰，主要得益于将山水林田湖草沙视为生命有机体，种养结合、互利共生，实现了人与自然长期和谐共生，形成了天人合一、道法自然的哲学思想和顺时、取宜、循环、节用等生态观念，是当前推进农业绿色发展的重要思想基础。

（三）农耕文化内含的乡土伦理、礼俗等至今仍具有社会治理的时代价值

农耕文化包含丰富的社会规范、生活伦理、节庆礼仪等人文内容，所传承的耕读传家、勤俭持家、守望相助等中华美德，维系着乡村社会和谐稳定，铸就了乡村的根和魂，对于今天加强农村思想道德教化、淳化乡风民风、坚定文化自信、改善社会治理

都具有显著价值。

（四）农耕文化包含的丰富资源为乡村振兴注入新动能

农耕文化包含着珍贵的传统种质资源、完善的传统耕作技艺、丰富的生物多样性、独特的生态文化景观等，合理开发利用农业文化遗产的丰富资源，对于拓展农业多种功能，发掘乡村多元价值，发展乡村新业态都具有十分重要的作用，可以带动农民就业创业、增收致富，为全面推进乡村振兴赋能。

三、传承保护农耕文化的思路

（一）传承和谐天成的农耕思想

尊重自然、保护自然，追求和谐天成的生态平衡观念，在继承和创新中发展现代农业。发挥传统品种资源优势，助力打好种业翻身仗。加强传统品种资源保护，加强传统品种的收集和改良，强化种质资源开发利用，将重要农业文化遗产地打造成为传统品种的活态保护区。加大优势传统品种的产业开发力度，加强功能性食品研发，延伸产品的产业链和价值链。系统总结和深入挖掘精耕细作、循环利用、物种保护的传统农业技术，与先进适用农机农艺相结合，发展耕地质量提升、化肥农药减量替代、节水灌溉、轮作休耕、病虫害综合防控等绿色技术，用互联网、云计算、大数据等新一代信息技术进行改造，提高技术使用的轻简性和智能化。弘扬传统农业中用养结合、良性循环的生态理念，运用现代生态工程和生态技术，大力发展现代生态农业。

（二）保护山水田园的乡村生态

引导农村民居适应当地的自然地理、生态气候，形成天、地、人三者和谐共生的有机空间，注重农房的生产功能和生活功能一体，房前屋后花果飘香、鸡犬之声相闻。在乡村规划中保留乡村风貌，在景观设计、建筑形式上注重乡土文化元素植入，从设计风格、空间布局、色彩搭配上尊重乡村机理。在乡村建设中融入乡土味道，农村人居环境整治和传统村落保护利用要在“微改造”上下功夫，配套完善水、电、路、气、讯等基础设施，既让乡村展现田园风光，又让农民享受现代生活。继承传统农业中人与自然和谐共生的生态理念，形成不同主体、不同范围的种养结合、循环农业体系。

（三）建设守望相助的乡风民风

挖掘优秀农耕文化的精神实质，传承和谐共生、守望相助、诚信重礼的思想理念，培育文明乡风，抵制封建迷信等错误和腐朽思想，践行社会主义核心价值观，使农民展现积极向上的精神面貌和精神状态；继承勤劳善良、艰苦奋斗、朴实敦厚的精神品格，培育淳朴民风，遏制农村黄赌毒、大操大办、人情攀比等陈规陋习；弘扬兄友弟恭、勤俭持家、忠孝两全的优良传统，培育良好家风，抑制人情冷漠、奢侈浪费、孝道式微的不良风气。加强优秀农耕文化研究阐发与展示传播，支持天府农耕文明博物馆等农耕主题展馆面向社会、面向大众、面向青少年传播我国农耕文明，推动农业文明史进大学。建设乡愁记忆载体，支持建立乡村农耕博物馆。支持有条件的村建设村史馆或者在村文化室、文化礼堂增设村史展示区域，挖掘和梳理本村的历史、习俗、重大事件和重要人物，推进村落共同记忆的回归。

（四）发扬耕读传家的优良传统

推动耕读精神更多成为农村家庭的家规家训，用以勉励子孙后代既要有“耕”来维持家庭生活，又要有“读”来提高家庭的文化水平。引导形成“耕”不仅能谋生，还可以从中体悟道与德；“读”不仅能学习文化知识，还可以提高精神修养的思想观念，传递古人对知和行、理论和实践关系的探索，将个人的理想追求和家国情怀紧密联系。加强高素质农民培训，通过耕读传统持续提升农民文化水平和科技素质。对农村人口通过耕读与现代城市文明相互交融流通，在城乡融合发展中不断推陈出新。

（五）发挥以文化人的治理功效

推动农耕文化所蕴含的应时守则、出入相友、父慈子孝、敬老爱亲、吃苦耐劳等精神品格重构为社会主义核心价值观引领下的现代版“村规民约”，经过村民议事会、村民大会充分讨论后加以固化，利用农村大喇叭、标语、手机推送等形式扩大宣传，将其内化为价值准则，外化为行为规范。弘扬互帮互助、同舟共济、以诚相见的村社伦理，发挥乡村熟人社会特征，有效规避现代市场经济中的道德风险。注重培育新乡贤，把德高望重的“五老人员”、道德模范、乡村能人等纳入新乡贤队伍，持续开展“身边好人”“最美家庭”等评选活动，使其成为乡村和谐稳定的维护者和农耕文化的传承者。

（六）保护农耕记忆的物质精髓

持续抓好农业文化遗产资源的挖掘，形成更大的社会价值、文化价值、生态价值和经济价值。支持申报更多中国重要农业文化遗产和全球重要农业文化遗产，增强农业遗产影响力。继续加强农村生产生活遗产保护发展工作，发掘和运用其文化元素和工艺理念，遴选一批有群众基础、带动能力强、产业开发潜力大的农村传统手工艺进行重点支持，鼓励非遗传承人、企业、院所等在农村设立传统技艺工作站，发挥传统手工艺在促进农民增收、巩固拓展脱贫攻坚成果中的作用。继续开展“农村手工艺大师”评选，推动更多农村手工艺大师成为“大国农匠”。

（七）丰富基层群众的文化生活

通过农耕文化的繁荣，丰富农民的精神文化生活，办好以农民为主体的文化体育活动，挖掘不同民族、不同地区传统节庆仪式，融入农民丰收节，破解庆祝形式单一、老百姓参与性不强等问题，使农民丰收节成为展示和传承农耕文化的窗口和平台。创新制度和政策，自上而下开展“文化下乡”的同时，支持引导农民群众自建文化队伍，开展优秀农耕文化传承活动。采取政府购买、项目补贴、定向资助、贷款贴息等政策措施，支持各类文化机构在深入挖掘农耕文化的基础上开展创造性转化，创作出更多农民群众喜爱的农耕文化作品。

（八）建立农民主体的弘扬路径

传承弘扬农耕文化，要走依靠广大农民、为了广大农民的群众路线，让农民群众切实分享保护传承农耕文化的成果。加大传统村落的保护投入，推动传统村落集中连片保护，在保护和合理改造中提高农民居住的舒适性。建立农耕文化遗产利用的利益分享机制，探索农耕文化遗产所有权入股，进行商业开发时要尊重农民意愿，项目收益按照一定比例分配给当地农民。推动农耕文化植入休闲农业和乡村旅游。挖掘农耕文化资源发展创意农业，建设以农民为主体的集农事体验、文化展示、科普教育为一体的农耕文化园。

第十章

践行文明健康生活

第一节　改善农村人居环境

农村人居环境以建设美丽宜居村庄为导向，以农村垃圾处理、污水治理和村容村貌提升为重点，旨在加快补齐乡村人居环境领域短板，并建立健全可持续的长效管护机制。2021 年 12 月，中共中央办公厅、国务院办公厅印发的《农村人居环境整治提升五年行动方案（2021－2025 年）》中明确指出，以农村厕所革命、生活污水垃圾治理、村容村貌提升为重点，巩固拓展农村人居环境整治三年行动成果，全面提升农村人居环境质量，为全面推进乡村振兴、加快农业农村现代化、建设美丽中国提供有力支撑。

一、扎实推进农村厕所革命

（一）逐步普及农村卫生厕所

新改户用厕所基本入院，有条件的地区要积极推动厕所入室，新建农房应配套设计建设卫生厕所及粪污处理设施设备。重点推动中西部地区农村户厕改造。合理规划布局农村公共厕所，加快建设乡村景区旅游厕所，落实公共厕所管护责任，强化日常卫生保洁。

（二）切实提高改厕质量

科学选择改厕技术模式，宜水则水、宜旱则旱。技术模式应至少经过一个周期试点试验，成熟后再逐步推开。严格执行标准，把标准贯穿于农村改厕全过程。在水冲式厕所改造中积极推广节水型、少水型水冲设施。加快研发干旱和寒冷地区卫生厕所适用技术和产品。加强生产流通领域农村改厕产品质量监管，把好农村改厕产品采购质量关，强化施工质量监管。

（三）加强厕所粪污无害化处理与资源化利用

加强农村厕所革命与生活污水治理有机衔接，因地制宜推进厕所粪污分散处理、集中处理与纳入污水管网统一处理，鼓励联户、联村、村镇一体处理。鼓励有条件的地区积极推动卫生厕所改造与生活污水治理一体化建设，暂时无法同步建设的应为后期建设预留空间。积极推进农村厕所粪污资源化利用，统筹使用畜禽粪污资源化利用设施设备，逐步推动厕所粪污就地就农消纳、综合利用。

二、加快推进农村生活污水治理

（一）分区分类推进治理

优先治理京津冀、长江经济带、粤港澳大湾区、黄河流域及水质需改善控制单元等区域，重点整治水源保护区和城乡结合部、乡镇政府驻地、中心村、旅游风景区等人口居住集中区域农村生活污水。开展平原、山地、丘陵、缺水、高寒和生态环境敏感等典型地区农村生活污水治理试点，以资源化利用、可持续治理为导向，选择符合农村实际的生活污水治理技术，优先推广运行费用低、管护简便的治理技术，鼓励居住分散地区探索采用人工湿地、土壤渗滤等生态处理技术，积极推进农村生活污水资源化利用。

（二）加强农村黑臭水体治理

摸清全国农村黑臭水体底数，建立治理台账，明确治理优先序。开展农村黑臭水体治理试点，以房前屋后河塘沟渠和群众反映强烈的黑臭水体为重点，采取控源截污、清淤疏浚、生态修复、水体净化等措施综合治理，基本消除较大面积黑臭水体，形成一批可复制可推广的治理模式。鼓励河长制湖长制体系向村级延伸，建立健全促进水质改善的长效运行维护机制。

三、全面提升农村生活垃圾治理水平

（一）健全生活垃圾收运处置体系

根据当地实际，统筹县乡村三级设施建设和服务，完善农村生活垃圾收集、转运、处置设施和模式，因地制宜采用小型化、分散化的无害化处理方式，降低收集、转运、处置设施建设和运行成本，构建稳定运行的长效机制，加强日常监督，不断提高运行管理水平。

（二）推进农村生活垃圾分类减量与利用

加快推进农村生活垃圾源头分类减量，积极探索符合农村特点和农民习惯、简便易行的分类处理模式，减少垃圾出村处理量，有条件的地区基本实现农村可回收垃圾资源化利用、易腐烂垃圾和煤渣灰土就地就近消纳、有毒有害垃圾单独收集贮存和处置、其他垃圾无害化处理。有序开展农村生活垃圾分类与资源化利用示范县创建。协同推进农村有机生活垃圾、厕所粪污、农业生产有机废弃物资源化处理利用，以乡镇或行政村为单位建设一批区域农村有机废弃物综合处置利用设施，探索就地就近就农处理和资源化利用的路径。扩大供销合作社等农村再生资源回收利用网络服务覆盖面，积极推动再生资源回收利用网络与环卫清运网络合作融合。协同推进废旧农膜、农药肥料包装废弃物回收处理。积极探索农村建筑垃圾等就地就近消纳方式，鼓励用于村内道路、入户路、景观等建设。

四、推动村容村貌整体提升

（一）改善村庄公共环境

全面清理私搭乱建、乱堆乱放，整治残垣断壁，通过集约利用村庄内部闲置土地等方式扩大村庄公共空间。科学管控农村生产生活用火，加强农村电力线、通信线、广播电视线“三线”维护梳理工作，有条件的地方推动线路违规搭挂治理。健全村庄应急管理体系，合理布局应急避难场所和防汛、消防等救灾设施设备，畅通安全通道。整治农村户外广告，规范发布内容和设置行为。关注特殊人群需求，有条件的地方开展农村无障碍环境建设。

（二）推进乡村绿化美化

深入实施乡村绿化美化行动，突出保护乡村山体田园、河湖湿地、原生植被、古树名木等，因地制宜开展荒山荒地荒滩绿化，加强农田（牧场）防护林建设和修复。引导鼓励村民通过栽植果蔬、花木等开展庭院绿化，通过农村“四旁”（水旁、路旁、村旁、宅旁）植树推进村庄绿化，充分利用荒地、废弃地、边角地等开展村庄小微公园和公共绿地建设。支持条件适宜地区开展森林乡村建设，实施水系连通及水美乡村建设试点。

（三）加强乡村风貌引导

大力推进村庄整治和庭院整治，编制村容村貌提升导则，优化村庄生产生活生态空间，促进村庄形态与自然环境、传统文化相得益彰。加强村庄风貌引导，突出乡土特色和地域特点，不搞千村一面，不搞大拆大建。弘扬优秀农耕文化，加强传统村落和历史文化名村名镇保护，积极推进传统村落挂牌保护，建立动态管理机制。

第二节　提升文明素养

一、正确运用文明用语

文明用语，是现代文明社会的重要标志。中国有句俗话“良言一句三冬暖，恶语伤人六月寒”，说的就是在语言的表述中由于用词和表达方式的不同，会让交往对象的心理产生截然不同的变化。正确运用文明用语，简单来讲，就是当我们在进行人际交往时，应当注意语言的具体表达方式，要通过自己的语言为他人带来良好的体验和愉快的情绪，从而促进积极的人际关系，让生活更幸福。

（一）常用的文明用语

文明用语是指使用时既能体现表达者的良好文化素养，又能让交往对象产生愉悦、温和、被尊重之感的那些语言。在乡村生活中，比较常用的文明用语包括：谢谢、麻烦您了、对不起、很抱歉、再见、欢迎再来，等。例如，得到别人帮助或服务时，说“谢谢”。请求别人帮助时，说“对不起，打扰了”“麻烦您了”。给别人造成不方便时，说“对不起”“很抱歉”“请原谅”。与别人发生矛盾时，说“对不起，我们都冷静下来慢慢地讲”。对方出口粗俗时，说“对不起，请你讲话文明点”。接打电话时，先说“您好！请问您找谁”。接到错打电话时，说“对不起，您打错了”。互相告别时，说“再见”“欢迎再来”。

（二）正确运用文明用语

在人际交往中，应该学会正确运用文明用语，这样才能提高个人的综合素养，也能获得良好的人际关系。

1. 注意语速

生活中讲话比较快的话，别人可能会听不清，从而产生不耐烦的感觉；讲话慢又容易给人留下漫不经心的印象。在实际的社交过程中，我们的语速应该是刚刚好的，即给别人的体验是不快也不慢，既能听得清楚也不会感到压抑。另外在面对实际交往对象时，还要注意适时地调整语速，比如面对老年人时可以适当减慢语速，让对方听得更清楚。总之，应该灵活把握语速，让交往对象感受到被尊重。

2. **注意语调**

在人际沟通过程中，常用的语调通常有四种：平调、升调、降调、曲调。以叙述为主，不掺杂个人情感的语言通常会使用平调，表达积极向上的某件事情的时候会使用升调，难过伤心时会使用降调，讽刺或夸张表达时则会使用曲调。大部分的时间里我们的语调应该是升调，表达出我们对别人的友好和热情。但是在选择哪种具体语调时还需要根据交往对象的实际情况而定。

3. **注意语气**

语气是指说话的口气。说话之前，先控制好自己的情绪。情绪会影响气息，气息又会影响讲话的语气，这是一个连贯的过程。当然气息也能帮助我们调整情绪，比如在紧张、激动的时候我们会选择深吸气的方式来进行缓解。因此，学会适当的情绪调节，会让自己的语气变得柔和，语气柔和了自然别人就能感受到你的友好和真诚。

二、破除陈规陋习

目前，农村地区的生活方式日趋现代化，农民文明程度逐步提高，但依然存在一些落后的陈规陋习。

（一）人情消费负担过重

在中国人的普遍观念里，“面子”比“里子”更重要，这种思想在农村更加普遍，“人情”成为人和人之间产生联络的重要方式。在农村依然存在“红白喜事”大操大办现象，普遍存在讲究排场、盲目攀比现象。婚宴上比谁家发的名酒名烟多，谁家的菜品昂贵，酒席动辄就是三五天，一天几十桌。人们往往以礼金的多少来判定关系的远近和感情的深浅，也有人认为自己曾被迫送出的礼金得想方设法以各种名义收回来，以寻求心理上的平衡。

有的人为了追求所谓的热闹，将恶俗的闹剧、丑剧带到了神圣的婚礼现场，完全不顾他人的内心感受，瞬间让喜事变味。而举办葬礼也会攀比谁家的乐队规模更大、花车更豪华，通常都是锣鼓震天，招摇过市，使得原本悲伤沉重的祭奠活动变得世俗化，徒增亲人的经济负担，同时也严重干扰了交通秩序和他人的正常工作和生活。不良的人情消费阻碍了精神文明建设的发展，种种婚丧陋习的存在，不仅造成了资源浪费，更给农民带来了沉重的经济负担。

（二）赌博风气盛

在农村，村民的闲余时间较多，而可参与的文化娱乐活动又较少，最常见的消遣活动就是三五成群地打麻将和打扑克，赌博之风也十分盛行。村中棋牌室较多，不仅有一些“专业户”长时期“战斗”在牌桌上，现场还会有很多观赌者，也不乏“职业化”的赌徒，他们把这项活动作为发财致富之路，在输光了钱之后不惜借高利贷再赌。有些棋牌室增加了端茶倒水、提供饭菜等服务，由此赌博的人在棋牌室待的时间也会更长。这些人沉迷在牌局之上，不仅给自己的家庭生活，也给农村社会的健康发展带来了严重的隐患。村民在村中赌博，有的人赌得很大，从而引发打架斗殴现象。由于赌博而忽视子女和家人，甚至对家庭不管不顾，造成家庭不和睦，邻里好友反目成仇也时而发生。因此引起的离婚、经济、刑事案件增多，严重影响了本地的和谐稳定和农村精神文明的建设。

（三）农村孝道受到严峻挑战

孝文化是中国传统文化的精髓。中华民族自古被誉为“礼仪之邦”“道德之乡”，尤其是对家庭道德中的孝道自古推崇。无论是《弟子规》还是“家书”都曾经在一定范围内倡导并树立良好的“家风”，提倡孝道。然而，随着农村生活节奏的加快和生活方式的转变，传统伦理中最核心的孝道已经变成一种“奢侈品”，“常回家看看”被写入法律条文。这是一种社会进步，更是一种无奈。践行孝道不仅仅是为老人提供基本生活的物质保障，更重要的是要给予老人精神慰藉。虽然大部分子女为父母提供物质生活保障，但是对父母的情感关怀变得冷淡，常年不回家，无暇陪伴父母，即便是回到家中也沉迷于手机、网络，少有儿女能够主动陪父母聊天解闷。近年来，有关为推脱赡养义务兄弟姐妹相互推诿甚至虐待老人的报道屡见不鲜，虽然这只是个别现象，但这种愈演愈烈的趋势应当引起我们的重视。

（四）封建迷信思想侵蚀

迷信思想在我国自古就存在，过度迷信危害社会，对于思想觉悟较低的农民群体侵蚀性更大。随着社会的发展进步，农村信鬼神现象不再像旧社会那样泛滥，但仍一定程度地存在，主要表现在以下两方面：一是农村迷信活动盛行。改革开放以来，在国家尊重民风民俗、弘扬传统文化的背景下，由于农民自身的特点，对传统文化不能正确对待，农村迷信活动甚至出现“繁荣”景象，婚娶（用于祭神驱鬼）、购墓、建庙等方面开支渐高，请“阴阳先生”“算命先生”等迷信活动时有发生。二是境外宗教在农村传播速度加快。部分农民在潜在的功利心理和迷信思想驱使下，对许多“洋宗教”产生了兴趣，一些迷信活动甚至给农民信众带来生活上的灾难。

（五）扰乱治安因素增多

一是黑恶势力滋生。尽管我国党风、民风已经得到好转，但仍然存在黑恶势力无视法律法规、为非作歹、欺诈百姓等现象。更为严重的是，某些黑恶势力正在向政治领域渗透，破坏村“两委”选举，通过拉票贿选，谋取权力，成为“村霸”。他们无视国家法律法规，甚至做出坑害百姓之事。

二是邪教和宗族势力抬头。有些邪教组织和非法宗教活动隐形变身、变换花样，散布反动言论，搞乱农民思想，趁机蚕食农村阵地，甚至骗财骗色，愚弄群众。有的黑恶势力把自己作为宗族利益的代言人，打着维护宗族利益的旗号横行乡里，或者煽动本族群众以集体上访为名，冲击乡镇党政机关，影响农村基层党政工作的顺利开展。

三是盗窃、抢劫、诈骗时有发生。盗窃对象从偷鸡摸狗、盗窃家禽家畜、金银钱物等到盗窃国家公共物资，利用网络、传销、推销、集资等手段欺诈农民。

四是假冒伪劣、黄赌毒等丑恶现象影响恶劣。假烟、假酒、假奶粉、假疫苗，以及短斤缺两、卖淫嫖娼、赌博、吸毒等事件时有发生，个别原本民风淳朴的村子竟出现了村民群体性荣辱颠倒、逾越道德底线的现象，严重影响乡风文明建设以及社会的和谐稳定。

三、建设乡风文明

中共中央国务院印发的《乡村振兴战略规划（2018—2022）》中明确指出：“乡村振兴，乡风文明是保障。必须坚持物质文明与精神文明一起抓，提升农民精神风貌，培育文明乡风、良好家风、淳朴民风，不断提高乡村社会文明程度。”由此可见，乡风文明建设包含良好家风、淳朴民风和文明乡风。

（一）良好家风

家风是一个家庭或家族在长期生活过程中逐步形成并世代延传下来的传统风气和风尚，承载了一个家庭或家族的生活作风、生活习惯、生活态度、文化氛围、处事理念、价值观和人生观等内容。其中，家庭教育直接影响着家风的形成，在一定程度上是家风的折射；家规、家训则是传统家风的具体表现形式和重要符号标识，进一步强化了家风的熏陶和教化功能。良好家风因每个家庭背景不同而不同。如夫妻恩爱、孝敬老人、关怀子女、勤俭持家、尊重劳动、崇尚知识、讲究道德、诚实守信、热心公益等。

（二）淳朴民风

在《辞海》中，“民风”释为“民间风尚”，从实践来看，民风并没有特别具体的表现形式和规则，但能够反映出某一地方民众的素质水平和精神文化风貌，例如社会互助、崇文尚武等。当下，民风集中体现了农村精神文明建设的要求，不仅涉及农民的思想、文化和道德水平，还包括地方传统习俗、民间风气以及教育、文化、卫生、体育事业的发展等。

（三）文明乡风

乡风是指一个乡村的风土人情、风俗风尚和生活习气，是聚居在同一地域共同生活的成员在长期生产生活实践中所形成的行为规范、心理特征和文化习性，具体又体现在农民的信仰操守、思维方式、价值观念、行为取向以及农村的伦理道德、习俗传统、文化礼节等方面。

文明乡风是相对不文明乡风而言的，是农村良好的风气、风俗，是农民正确的价值观念、良好的生活习惯和积极健康向上的精神风貌的体现。孟子所描述的“出入相友，守望相助，疾病相扶持”的和睦乡风千百年来一直为后人津津乐道；中国最早成文的乡里自治制度《吕氏乡约》便是敦厚乡风、实践教化的典范之作，用通俗的语言规定了处理乡党邻里间关系的基本准则，既是文明乡风的文本形式，又不断推动文明乡风的践行和深化。结合当今时代背景，文明乡风也不断展现出新的内涵，比如积极进步的思想意识与道德观念，崇尚传统文化、崇尚科学文明的社会风气，符合时代特色的家庭伦理关系、邻里关系、党群关系等。

第三节　养成健康生活方式

一、合理膳食，科学烹饪

（一）合理膳食，食物多样

合理膳食指能提供全面、均衡营养的膳食。食物多样，才能满足人体各种营养需求。每天的膳食应包括谷薯类、蔬菜水果类、畜禽鱼蛋奶类、大豆坚果类等食物。

建议平均每人每天摄入 12 种以上食物，每周 25 种以上。谷类为主是平衡膳食模式的重要特征，每天摄入谷薯类食物 250～400 克，其中全谷物和杂豆类 50～150 克，薯类 50～100 克；膳食中碳水化合物提供的能量应占总能量的 50%以上。

提倡餐餐有蔬菜，推荐每天摄入 300～500 克，深色蔬菜应占 1/2。天天吃水果，推荐每天摄入 200～350 克的新鲜水果，果汁不能代替鲜果。吃各种奶制品，每天摄入量相当于液态奶 300 克。经常吃豆制品，每天摄入量相当于大豆 25 克以上。适量吃坚果。

（二）清淡饮食，少油少盐少糖

目前，我国多数居民食盐、烹调油和脂肪摄入过多，这是导致高血压、肥胖和心脑血管疾病等慢性病发病率居高不下的重要膳食因素。应当培养清淡饮食习惯，成人每天食盐不超过 5 克，每天烹调油不超过 25～30 克。过多摄入添加糖可增加龋齿和超重肥胖的风险，推荐每人每天摄入添加糖不超过 50 克，最好控制在 25 克以下。

（三）生熟食品要分开，肉类煮熟煮透后再吃

在食品加工、贮存过程中，生、熟食品要分开。切过生食品

的刀不能直接切熟食品，盛放过生食品的容器不能直接盛放熟食品，避免生熟食品直接或间接接触。冰箱保存食物时，也要注意生熟分开，熟食品要加盖储存。

肉类、蛋类、水产品要煮熟煮透再吃，剩饭菜应重新彻底加热再吃。碗筷等餐具应定期煮沸消毒。生的蔬菜、水果可能沾染致病菌、寄生虫卵、有毒有害化学物质，生吃蔬菜水果要洗净。

三、坚持适量运动，保持健康体重

（一）坚持适量运动

各个年龄段人群都应该坚持适量运动、吃动平衡、保持健康体重。运动应适度量力，选择适合自己的运动方式、强度和运动量。健康成年人每周应进行 150 分钟中等强度或 75 分钟高强度运动，或每天进行中等强度运动 30 分钟以上，每周 3～5 天。尽量减少久坐时间，每小时起来动一动，动则有益，贵在坚持。

（二）保持健康体重

健康体重是指长期保持体重适宜的健康状态。目前常用的判断健康体重的指标是体质指数（body mass index，BMI）。

$$BMI=\frac{体重}{身高^2}$$（体重单位：千克；身高单位：米）

成人正常体质指数在 18.5～23.9 $\frac{kg}{m^2}$ 之间，体质指数＜18.5 $\frac{kg}{m^2}$ 为体重过低，体质指数在 24～27.9 $\frac{kg}{m^2}$ 之间为超重，体质指数 $\geqslant 28\ \frac{kg}{m^2}$ 为肥胖。

体重过高或过低都是不健康的表现。体重过低一般反映能量摄入相对不足，易导致营养不良等。体重过高反映能量摄入相对过多或活动不足，易导致超重和肥胖，可显著增加 2 型糖尿病、高血压、心脑血管疾病及结肠癌等疾病的发生风险。食物摄入量和身体活动量是维持健康体重的两个主要因素。每个年龄段的人群都应该合理控制能量摄入和能量消耗，保持能量平衡和健康体重。

三、树立文明卫生意识，养成良好卫生习惯

（一）勤洗手

在日常生活中，我们的手常会接触到被病毒、细菌污染的物品，因此要养成勤洗手的好习惯。

洗手时，使用肥皂或洗手液，每次揉搓 20 秒以上，确保手心、手指、手背、指缝、指甲缝、手腕等处均被清洗干净。不方便洗手时，可以使用免洗手消毒剂进行手部清洁。

外出归来，戴口罩前及摘口罩后，准备食物前，用餐前，上厕所前后，接触公共设施或物品（如扶手、门把手、电梯按钮、钱币等）后，接触泪液、鼻涕、痰液和唾液后，接触动物或动物粪便后等。

（二）注意开窗通风

开窗通风换气可有效改善室内空气质量，减少室内致病微生物和其他污染物的含量，降低室内二氧化碳和有害气体的浓度。此外，阳光中的紫外线还有杀菌作用。条件允许情况下，每天早、中、晚均应开窗通风，每次通风时间不少于 15 分钟。寒冷季节开窗通风要注意保暖。

（三）不随地吐痰，不乱扔垃圾

随地吐痰不仅破坏环境卫生，还会传播疾病。因此，不要随地吐痰，吐痰时应将痰液用纸包裹，再将其扔进垃圾桶。乱扔垃圾不仅会影响环境整洁美观，造成有毒有害物质污染环境，还会滋生蚊蝇，招引老鼠、蟑螂，导致疾病传播。因此，不能乱丢垃

圾，应将垃圾扔进垃圾桶。对于已实施垃圾分类地区，应按要求分类投放。

（四）注重咳嗽礼仪，提升文明素养

流行性感冒、流行性脑脊髓膜炎、肺结核病、麻疹等常见呼吸道传染病的病原体可随患者咳嗽、打喷嚏、大声说话时产生的飞沫传播给他人。咳嗽、打喷嚏时应用纸巾遮掩口鼻，使用后的纸巾扔入垃圾桶。如果来不及准备纸巾，可弯曲手肘，用手肘处的衣物遮掩口鼻，尽量避免直接用手遮掩口鼻。

（五）不在公共场所吸烟，尊重他人的健康权益

吸烟和二手烟暴露会导致癌症、心血管疾病、呼吸系统疾病等多种疾病。室内工作场所、公共场所和公共交通工具内完全禁烟是保护人们免受二手烟危害的有效措施。

二手烟不存在所谓的“安全暴露”水平。在同一建筑物或室内，采取划分吸烟区和非吸烟区、安装空气净化或通风设备等措施，都不能够消除二手烟雾对不吸烟者的危害。吸烟者应当尊重他人的健康权益，不在他人特别是孕妇和儿童面前吸烟，不在禁止吸烟的场所吸烟。

参考文献

［1］人民出版社．乡村振兴战略规划（2018—2022年）［M］．北京：人民出版社，2018.

［2］韩一军，赵霞．乡村振兴政策与实践［M］．北京：中国农业出版社，2021.

［3］张成贵，何阳．新时代“三农”政策简明读本［M］．兰州：兰州大学出版社，2018.

［4］重庆市农业广播电视学校组．新型职业农民综合素质读本［M］．北京：中国农业出版社，2016.

［5］刘凤英，王朝武，傅莉辉．新型农业经营主体带头人［M］．北京：中国农业科学技术出版社，2019.

［6］李玉坪，万翔辉，赵强．新时代三农政策［M］．北京：中国农业科学技术出版社，2020.

［7］杜遥，王秋芬，张文林．新型职业农民创业指导手册［M］．北京：中国农业科学技术出版社，2016.

［8］李明．农产品质量安全实用技术培训教材［M］．西宁：青海民族出版社，2018.

［9］齐亚菲．农业产业化发展读本［M］．北京：中国建材工业出版社，2017.

［10］袁海平，顾益康，李震华．新型职业农民素质培育概论［M］．北京：中国林业出版社，2017.